讀書應考の鬼原則

東進高校國語講師
ARS工房代表
板野博行

瑞昇文化

致拿起本書的你

現在，你所期望的只有一件事。
就是「想變得會讀書」。

然而，雖然心裡覺得只要去做就能有所改變，
實際上卻不斷地延宕、任憑時間流逝，
等到回過神來，
已經變得不知道該做些什麼、
要怎麼做才好……。
首先想問問這樣的你：

對現在的自己，真的感到滿意了嗎？
就這樣一直下不了決心地，
迎接考試的到來就可以了嗎？

應該沒有這種事才對。
學習之所以痛苦，
正是因為有著搞不懂、學不會、好無聊，
這種負面的連鎖反應。
只要將這些轉變為，
搞懂了、學會了、很快樂，
這種正向的能量，
一切將會出現戲劇性地變化！

學習是絕對不會背叛你的！

現在擺在你們面前的學習，

是能開啟未來一切門扉的魔法鑰匙。

而掌握它的機會如今就在你眼前，

沒有不放手一搏的道理吧！

這麼多年來指導過不少學生，
讓我注意到了某件事。

會唸書的學生，是清楚「學習方法」的。

但另一方面，也有著無論付出多少努力也好、
堅持不懈也好，成績仍停滯不前的學生。
原因就在於他們不曉得「正確的學習法」。

努力就應該要有所回報，
我個人是這麼認為的。

所以，本書將會
傳授你最有效的3個學習法！

總之，特別注重於
「用一天讀完後，第二天就能開始實踐」
的這個部分。

對自己抱持著信心，
並且能確實地將學習持續到最後。
為此制定的戰術，原則最多就三個，
而其中具體的細則只需有5個就已相當充分。
要是不能樂在其中就沒有辦法繼續下去，
而成績若是沒有提升就無法感到樂在其中。
這是非常重要的事情。

我明白你的不安，
也很清楚希望有人能伸出援手的心情。
雖然我全部都懂，有句話還是得說在前頭：
如果現在不認真學習，
一生中最適合讀書的時期就要過去了。
我覺得，就算一次也好，
試著賭上人生全心全意地學習，
這麼做也不錯吧！

已無須再迷惘該如何是好了，
要做的只有拿出幹勁，
之後就請照著本書所寫的內容持續實行吧！
不是辦得到或辦不到的問題，
而是做還是不做。
只要做了，一定就會有所改變吧！

第1章 從今天起辦得到的最強習慣 學習的三大鬼原則

第2章 養成實戰力！學習的鬼之細則5

第3章

不要只有氣勢就結束啦！
將應考的關鍵期暑假給控制住！

第4章 精神面補強篇 把天真的心態吹走吧！

第5章 這裡是決定考上與否的關鍵！跨越中心考試吧！

第 1 章

從今天起辦得到的最強習慣

學習的三大鬼原則

終於要傳授給大家
「可以上榜的學習法，三大鬼原則」了。
請身為考生的各位，只需要拿出「幹勁」
來讀本書就可以囉！
那麼首先就進入第一個鬼原則吧！

學習的三大鬼原則 1

自我講授

從今天起辦得到的最強習慣

鬼之原則 1

最有效果的學習法是？

第一個要傳授給各位的鬼之原則是「自我講授」。這是鬼之三大原則中**最重要，而且也是效果最好的學習法**。

所謂「自我講授」就如字面一般，「自己對自己上課」。

比如說，平常在學校和補習班所接收的上課內容，不要只是聽過就丟著不管，一定要回想看看老師是怎麼說明，然後試著用自己的話來複述；或者在不看筆記的情況下，嘗試在腦海中描繪黑板上的內容，在紙上重寫一次等等。

自我講授這種學習法為什麼是最強的呢？

那是因為藉由讓自己站在教導人的立場來向對方（也就是自己）上課，將一直以來被動式的學習轉變為主動，以這種哥白尼式的革命讓狀況有了180度轉變的緣故。

只要嘗試過就會明白，在一知半解的狀態下是無法做到自我講授的。在課堂中抄著筆記的同時也要理解授課的內容，等到換自己站在老師的立場上，想對自己重現那些說明時，應該就會發現連僅僅一行的內容都無法順利地講解。

如果無法順利說明，這時就該再次翻開筆記做確認。**不斷地偷看也沒有關係**。或者該說，哪怕只有一秒也好，當無法好好對自己說明，或是有著怎樣也想不起來的模糊部分；只要有這種情況，不用硬逼自己一定要想起來，馬上就去翻筆記也沒有關係。

然後這次一定要有著「闔上這本筆記的話，就要憑實力幫自己上課不可了」的念頭，去理解那些授課的內容。要是覺得全部記起來了就把書本闔上，再次進行自我講授。如果能從頭到尾都很順暢地在腦海中上完課，那就可以結束了。

這點放在問題集或參考書來說也是一樣。我想一般會覺得，假如做完問題集或參考書，在自己算完分數並讀完解說後就可以「當作理解了」，然後學習也就跟著結束吧！但是，之所以要做自我講授，就是要再看一次問題，並憑一己之力來重現解說的內容，若沒辦法

✓自我講授是？

就是用容易理解的方式，自己對自己做說明

▼

無法說明的部分就是自己的弱點

好好地向自己說明並推導出正解的條理，就算不上是真正的理解。而此時也是一樣的，如果沒辦法順利地說明，就要再讀一次解說來好好地確認內容。

通過自我講授，可以在腦袋中好好地整理、重現當天的學習內容。應該背誦的項目有沒有好好地背起來呢？應該理解的內容有沒有確實地理解呢？能發揮檢驗成果的效用。即使覺得總算是把內容記起來了，一旦到了想來進行自我講授的時候，應該會發現完全做不到才對。

「不會蒙騙自己」，這對應考來說是相當重要的。

要是沒有做自我講授讓一天就這麼結束了，結果只是自以為已經學過了而已，其實什麼也沒有學會。

各位沒有過這種經驗嗎？一直以來一個人怎樣都沒辦法搞懂的困難問題，在聽了學校或補習班老師的解說後恍然大悟。擅長解說的老師，為什麼能講解得這麼好呢？並不是因為老師的頭腦比各位來得好的緣故。擅長講解的老師，是將問題理解、並鑽研到能夠向人清楚說明的地步，所以才有辦法解說得這麼好。

若靠自己試著解題弄懂，或是閱讀解說後理解，普通考生的學習程度也大概就這樣而已。但若是要說明得讓別人能夠理解，沒有花好幾倍的力氣來理解問題是辦不到的。

所以在這層意思上，雖然說了「自我講授＝自己對自己上課」，但對其他人（朋友）進行講解（上課），可以說是自我講授的進階版。

縱然先前才說過，不會蒙騙自己是關鍵，但即使想著要來實踐自我講授，在初期多少還是會有「總覺得搞懂了，成功啦」這種敷衍自己的傾向。但是向其他人說明的時候，是沒辦法這麼輕易就蒙混過關的。

✔為什麼自我講授是最強的呢？

1. 學會了的錯覺將會消失。
2. 在腦袋中整理過，能確實地掌握知識。
3. 可以明確地知道自己的弱點。

POINT! ▶ 不斷地偷看吧！

POINT! ▶ 若是沒辦法流暢地進行就沒有意義。

POINT! ▶ 總之先持續一個月看看。

特別是在向人講解數學或物理，這類解題上有一定流程的理科科目時，就會出現「為什麼會從這裡跳到這裡呢？」，或是「聽不太懂你的說明耶！」像這樣被人追問的部分。

即使覺得自己已經搞懂了，但當想向別人做出容易理解的說明時，曖昧不清的部分就會自然地浮現出來。

能對那部份做出說明，才是擁有了真材實料的實力證明。假如習慣了自我講授，那麼請務必要挑戰看看向他人講授喔！

只不過，突然就要進行向他人講授的這種進階版應該是相當困難吧！所以起初請先以自己對自己上課的形式，看是在各科目的學習結束後，還是上完課的休息時間等等，決定好時間來嘗試看看吧！

「是依什麼途徑來解題的呢？」、「是以怎樣的理由所以需要這些步驟呢？」請憑一己之力做做看，讓找出答案的流程彷彿照抄解答範本一樣吧！

就算在途中受挫也沒關係。那部分正是自己理解得不夠充分，考試時會成為弱點的地方。這對其他考生而言應該也是一樣的。

做不到自我講授的地方即是自己不拿手之處。除此之外，它還能替你找出會出現在考試中的部分。

而同樣的，若是採取了進階版「教導別人」的形式，這點將會變得更加明確。像是對不善於數學的朋友解說問題時，會聽到對方一直問「為什麼會變成那樣？」吧！此時應該就能明白，用「就是這樣所以這樣的啊」這類強硬的說明，對方是絕對不會了解的吧！

而且，對不擅長的人說明他所不理解的部分時，實際上教授的一方才是會更加地深入，且確實地理解這個問題的。

這也是為什麼「教導別人」，其實是效率最好，並且能確實提升成績的學習法與其理由。不過無論是要做「教導別人」的進階版，還是要進行自己教自己的自我講授，**重點就在於，假如沒有辦法流暢的進行，那就不能算是有效的自我講授，即便做了，**

也沒有任何意義。

「嗯——這邊是怎樣哩？」」，要是有老師上課時像這樣停頓下來，各位就會感到無法信賴那個老師了吧？這點在自己當老師時也是一樣的。

還沒有辦法流暢地解說，即是自己的理解和背誦都還不完備的證據，所以要再一次，確實地將解說灌入腦海中，然後將書本闔上進行自我講授。像這樣不斷地重複讓它臻於完善吧！

請把這個「鬼之原則1」的自我講授，在每天的學習時間中，作為各科目的總結添加在學習的最後吧！僅僅是這樣就能比起周遭的考生，用高出好幾個等級的學習習慣以及理解來累積實力。只要持續一個月，就能看見並取得巨大成果吧！

之前也有**暑假時偏差值（日本學生考大學的評定數值）還只有40左右的考生，在實踐了自我講授的習慣後考上了東大**這樣驚人的例子。

那位考生似乎是買來了白板，在寫著板書的同時對著假想的學生實行了自我講授的樣子。當然，是發出聲音講解的。其他也有，像是向小熊布偶上課的考生，或是採用了錄下自己的解說後重聽這種方法的考生。

✔ 自我講授的實踐範例

1 一邊在白板上寫板書，一邊對著假想的學生上課

2 向小熊布偶上課

3 錄下自己的解說後重聽

POINT! ▶ 一定要發出聲音來實行！

雖然可以說實際發出聲音會比只在腦中想像的效果來得更好，不過方法因人而異。請製作出獨具特色的自我講授，並持續地讓它變得更加深刻吧！

那麼接下來，要舉兩個自我講授的實際做法，請務必參考看看。從現在開始的十幾頁，是能從根本改變你學習方法的重要部分。

先做一次深呼吸，打起精神，專注地來閱讀吧！

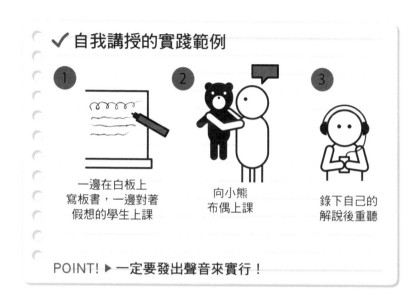

實際做法 1

學校課程的自我講授

在學校與補習班中，可稱之為教學專家的老師們所展開的教學內容（知識、經驗、技術），用什麼方法來將這些吸收，對各位考生而言便是提升學習效率的決勝點。在許多地方雖然也有提到，**只有不懂學習方法的考生，才會用敷衍的心態來面對學校的課程。**

確實，其中說不定也有那種拿來補充睡眠還比較好的課堂，但以一天的總學習時間來做考量時，就會覺得把學校的上課時間浪費掉，或者拿來睡覺是一件很可惜的事。

不管課程內容有多無聊，還是能把這些時間拿來讀讀教科書或是解解題之類的。

無論如何都不要浪費這些被公平地給予的上課時間，請把這點放在心上。

那麼，首先在學校時，就把休息時間當成自我講授的時間。請試著挑戰看看，將先前在課堂中自己掛心的解說或問題，拿來自我講授吧！

因為時間非常有限，沒有能演練太多題的餘裕。所以要點就在於，上課時就預先分配好待會休息時間要自我講授些什麼。**讓腦袋在課堂中也隨時保持運作，這可是非常關鍵的。**

要先從授課內容中找出，即使只有一點點也好，那些理解上還有些模糊的、覺得還抱有疑問的，或是老師重點說明的部分。總之先集中精神聽課，試著讓自己在上課時間內就能理解，必要時查查字典等等。**然後一進入休息時間就馬上把這個問題拿來自我講授。**

假若是英文或日文古文類的課程，就在腦中複誦單字和文法，或是重要的例文、古文類，就小聲地背誦句法結構的例句等等，這些都是一種自我講授的做法。

起初可能會被朋友覺得很奇怪也說不定，但是，就算真的只有一分鐘也好，請養成與朋友聊天前就這麼做的習慣吧！

剛起步的階段，就算連課堂內容的十分之一都沒辦法自我講授也是完全沒有關係的。無論是誰，剛開始都是如此。比起在意這些，不如想盡辦法將自我講授持續下去才是最要緊的。

在努力養成習慣的期間，漸漸就會變得能夠區分出哪些是重要的、應該進行自我講解的重點。若能找出自己獨特的工夫，掌握具自我特色的手法，漸漸地，自我講授的內容便會逐漸深化。

而假使沒有充分地理解上課內容，就沒辦法好好地做到自我講授，所以上課時集中注意力可是非常重要的。

當有著想做自我講授的念頭再來上課時，那些課程內容會變得與之前完全無法比擬般地充滿意義、閃閃發亮。

此外，如果在課堂中僅止於抄抄筆記，那是無論如何也做不到自我講授的。至少也要先對課程內容進行一定程度的調查，也就是說，好好地「預習」吧！如此一來在課堂中就能有所餘裕，便可以謀求從被動的學習狀態，180度地轉變為主動的、能夠驅使自己頭腦去思考的狀況。

請試著預測看看老師接下來會說些什麼，或者更進一步地，想像如果自己是老師會怎麼說明吧！重點就在於**「想辦法繞到老師的前方」**。

搶到老師前頭之後，假如老師的說法和預想相同，那就是「已經成功的理解了」；要是跟想像的有所出入或是答錯的情況下，就要確實地理解那點，並將它深深地刻在腦海中。

若是照著這些步驟來做，拿手科目的內容在課堂中就幾乎都能理解。假若不這麼做，那麼一天的學習時間無論有多少都是不夠用的。關於擅長科目，盡可能地藉由預習和上課就到達理解的程度，並在定期考試前進行總複習將知識確實地掌握吧！

另一方面，好好地預習那些感到棘手的科目也是非常重要的。預先分類好學不會以及搞不懂的部分，在課堂中好好地觀察，老師對於這部分是怎樣說明，而重點又是在哪些地方，另外，同學們又理解到了什麼程度等等。總之，**盡可能地在課堂中就將疑問給解決掉。**

再來就如剛剛所提到的那樣，一旦進入休息時間，就請馬上對那些在課堂中找出來，理解比較模糊、覺得還抱有疑問的，或是老師進行重點說明的部分來進行自我講授吧！

假如是不擅長的科目，只有這樣應該還不足以從理解↓確實掌握，所以要透過回家之後的複習，以及接下來一週一次的總結複習，不停地在理解上進行努力。而關於這方面具體作法，會在學習的三大鬼原則2重複的技術，「**超快速反覆**」中進行說明。

偶爾會看到一些在補習班上課時非常認真，在學校卻只是應付了事的人。這真是非常的荒謬。這麼說的原因是由於沒能有效地活用在學校的時間，等於是**把一天中一半的學習時間都浪費掉了。**

為了盡可能有效地活用自己擁有的時間，請將自我講授作為其中一個方法，加進學校課堂結束後的休息時間裡吧！

實際做法 2

重考班、補習班課程的自我講授

接下來是關於重考班、補習班的課程。

與學校的課程有著很大的不同，不僅一堂課有著70～90分鐘的漫長時間，而且上課的內容全是與大學考試有著直接關連的。

所以比起在學校中只將有疑問的部分區分出來的這種做法，還不如貪心一點，只要覺得對大學考試有必要的，哪怕是已經解開的問題，全部拿來藉由自我講授重現之後吸收進身體裡。幾乎每天都往來於補習班，但成績卻完全沒有起色的考生並不在少數。為什麼明明在補習班花費了那麼多時間成績卻沒有提升呢？那是因為他們**沒有好好地做到預習與複習的緣故**。

關於預習，由於在補習班基本上會有很多問題演練型的教科書，所以不需要像學校一樣做全盤的預習，而是在練習過一次的基礎上，帶著個人的疑問進入課程中。在事前準備好能夠理解課程內容的前提條件是必要條件。

然後請在課堂結束後，設定好10～20分鐘的時間，以自我講授來重現剛才的內容。好好地教會另外一個自己吧！

無論是學校還是補習班的課堂都一樣，在休息時間假裝自己是老師，將解說重現看看。此時，因為感到疲累所以想納入空閒時間的做法是不推薦的。「打鐵要趁熱」。盡可能間不容髮、迅速地去做是相當重要的。

我想當課堂結束後，會有朋友來找你聊天吧，這**其實也是個機會**。把筆記或教科書拿給同學，讓對方考考你剛剛上課的內容，以這種一問一答的形式來進行學習。反過來當然也是OK的。

這對彼此而言應該都能成為很好的學習，所以把周遭的人也拉進來，建立起「和朋友的讀書會」吧！這種事太害羞了，怎麼也說不出口啊，我想也會有這麼覺得的人。但是在這裡把「羞恥」的意識給捨棄掉是非常重要的。

可以說「去問只是羞恥一時，而不去問則是羞恥一輩子」。**自我講授的最大要點，就是「弄清楚自己所做不到的事」**。

把辦不到的事情誤解為辦到了，這種蒙騙自己的部分，便是學習無法順利進行的本質。如照妖鏡般映照出做不到的自己，這個技巧便是自我講授，而之中最有效的手法，即是**「教導他人」**。請一定要在補習班或重考班中找一些學習的同伴，彼此切磋琢磨地互相進行講授吧！

板野實際上也曾這麼做過。在每次課堂結束後大家相互出題，或是讓不拿手該科的學生來提問，並讓擅長的學生進行回答等等，課堂結束後的休息和午休成了非常有意義的時間。

特別是到了期中、期末考的前夕，我想有和班上的朋友們一起預測「會從哪裡出題」的人，也有和同社團的朋友們在社辦裡舉行讀書會的人吧！

此時請就自己擅長的科目，來幫朋友講授那些似乎會出現在考試的部分，或是覺得大家比較難弄懂的部分吧！我想可以實際地感受到，教導別人會為自己的學習帶來多大的幫助。此外，這也是弄清楚那些厲害的人是以怎樣的方式在學習，又是將哪裡作為重點來掌握等的一個機會。

當然，也有人是除了自己一個人不然念不下書的性格；或像是因為環境因素，不得不單獨學習的人吧！

像這種情況就請如前面所說的那樣，**買來「白板」之後，一邊寫板書一邊對假想的朋友進行自我講授看看**。

雖然是一人分飾兩角，此時也請將羞恥的心態給捨棄，務必要「發出聲音來說明」。然後無論是什麼科目，請都邊想著「為什麼會變成這樣呢？」、「哪裡是解法的要點呢？」，邊進行說明。而另一個自己也要一邊確認是不是真的能夠理解了，一邊來聽自己的講解。

此時也捨棄掉完美主義，假使說明時遇到了不清楚的部分，就馬上拿出筆記或參考書來看解說也沒有關係。「原來啊，是這樣子啊」，會經常像這樣不經意地發出聲音吧。**這個瞬間，是非常能學到東西的**。然後如果覺得理解了，就從頭到尾再做一次自我講授。

例如數學的問題，一題困難的題目，我覺得大概有重做個五次以上的必要。英文也是，能夠在一邊唸的同時完全理解單字或文法的意義，並將重要的部分譯成中文來說明為止，果然也是得做到五次左右吧！

唸日文古文、漢文（文言文）也是，我想最初會讀得結結巴巴，但差不多重複個五次後就會變得順暢許多。單字和文法，或是內容的解釋與解法要點等等，也自然變得可以理解。

即使受挫好幾次，也請一點一點向前邁進吧！

自我講授的終極型態，就是能將一個問題從開頭到結尾都「迅速且正確地說明」。請不要忘記，將視野從小部分的觀點開始，擴展到可以看清全體的樣貌。

好好地品味從「搞懂」飛躍到「學會」的境界這瞬間，讓學習變成快樂的事情吧！

實際做法3

訂正與複習模擬考的自我講授

當大考將近時，就會以兩個月一次以上的步調，參加各大補習班所舉辦的模擬考試。

模擬考既是確認自己實力的好機會，同時，考試中出現的問題，是從**應該要理解及背誦的重點部分中去蕪存菁，對自我講授來說是最理想的材料**。

在模擬考結束的當天夜晚，吃過晚餐約莫七點半左右，就可以開始學習了。在模擬考中絞盡腦汁應該已經很累了吧，但由於從早上開始一直保持在高度集中狀態的緣故，能期待自我講授帶來比平日更佳的回饋。經由活用模擬考，可以為頭腦帶來滿滿的養分，所以盡可能地在當天，就讓頭腦與身體把這些營養都攝取進去吧！

首先來對答案吧！**即使成績不如預期也不需要感到沮喪**。同類型的模擬考在約兩個月後還有一次。在這兩個月間，藉著持續自我講授的習慣，進行比其他周圍的考生更加優質的學習吧！這麼一來，兩個月後的模擬考中，將會遇見**成績有著驚人提升的自己**。

雖然從什麼科目開始都無所謂，不過，由於板野是國文老師，所以就先從國語開始說起吧！

首先是現代文。確認一下答錯的問題吧！自己覺得答案是A選項的其實D才是正解，這是為什麼呢？在看解說之前，先自己重新思考看看。

如果此時能靠自己發現了答案的依據那是再好不過。為什麼自己會答錯呢?請在重複閱讀原文並比較過各個選項後想想看吧!而要是無論如何也搞不懂時,才第一次打開解說的手冊,閱讀內容並且理解。

應該能順利地理解才是,彷彿感覺到解說滲入身體一般。之後,闔上解說手冊,再一次與原文及問題對峙,並自己對自己上課。請持續到能順暢地解說為止吧!

日文古文、漢文(文言文)請想成是和英文一樣的「外文」來進行自我講授。也就是說,複習的時候一定要將課文「唸出聲音」。

首先,邊讀邊看著解說所附的白話翻譯也沒有關係。

在連續唸過幾次課文並看著白話翻譯的期間,應該能逐漸掌握到大致的內容。再來的重點就是如何推導出正解,日文古文的話,重點是單字和文法,而漢文重點則是句法的構成等等,在讀過解說並理解後,如先前的現代文一樣自己對自己上課。此時也要做到能流暢地上課為止。

接下來的數學也是先計算好分數。這次的模擬考試好像有點困難,成績不太好呀。**「下次絕對要復仇!」**,請像這樣在嘴巴裡默念著吧!要有這種氣勢。

答錯數學問題時，像國語一樣靠自己重新思考之後想出答案是相當困難的，所以**立刻就去看解答解說的內容並理解吧**。

拙劣的思考跟放空沒有兩樣。在探究解法的流程上，沒有那種自己也曾有過的思考方式或是著眼點嗎？又或者，假設這完全是第一次看見的解題技巧，那它是以什麼樣的理由，從哪方面著手的呢？把這些好好地理解吧！

覺得數學很棘手的人，請先將推導出答案的流程，細心地在筆記上抄寫一遍。當然，請一邊抄寫一邊試著理解這些步驟的意義。如果沒辦法完全理解，就作為特殊個案，「這類的問題也有用這種方式來解題的做法喔」，像這樣當作經驗值攝取進腦袋中吧。

這麼一來，當下次遇到類似解法或著眼點的問題時，一直以來不斷累積的事物，在自己身體中像是齒輪般咬合的瞬間一定會到來的。

假如是對數學擅長的人，就用螢光筆之類的，在解說的重點部分上一邊畫線一邊來理解，在腦海中將流程從頭到尾地重複跑個幾次。然後進行自我講授。

總算把數學訂正結束，接下來也用同樣的步驟一步一步將英文、理科、社會等等的答案給對完吧！

全部科目都對完答案後，就可以舒服地泡個澡然後準備睡覺囉！

給我等一下——!!

要開始進行今天最後的學習，「以防萬一的自我講授」。

把那些答錯的問題再重新看過一遍。由於已經接近就寢時間了，所以迅速地將它完成吧！

只把目標鎖定在模擬考中答錯的，並且在剛才的自我講授中也仍覺得「還有點不安呢，真的好好理解了嗎」的問題上，按照慣例，在不看解說的情形下試著再重現解法的內容。是以什麼根據及思考方式而選擇了這個選項的呢？在已經熟讀的解說中又是怎麼來解題的呢？再一次講解給另一個自己知道吧！

像這樣藉由自我講授把解說的內容做最終確認，**比起周遭考生更加發揮出這次模擬考的價值，並看清自己的弱點，讓自己能夠更快、更大幅度的成長。**

順帶一提，因為也有當天已經把體力與精神完全用盡的可能，早點就寢等到隔天早上再來進行「以防萬一的自我講授」也是OK的！

幾乎所有的考生考完模擬考，充其量只會做到算完分然後對自己的表現感到開心或難過罷了。**這麼一來參加模擬考的價值，連幾分之一都沒辦法利用。**

而對此，連上述所說的自我講授都能完成的人，在那個時間點已經是**達到了「模擬考第一名」的實力**。如果要說為什麼，因為當出現與這次模擬考相同問題時，已經擁有能得滿分的實力之故！

有這種閒功夫對模擬考成績的好壞而情緒起伏，還不如把難得參加的模擬考，在當天就化為自己的東西吧！模擬考的題目不僅與正式考試相當類似，而且越是認真應考，越是比平日的課程更容易留在記憶中。趁著沒有做出成果的那份悔恨還留在心底時，完全地精通它吧！

以上便是有關鬼之原則1「自我講授」的內容。怎麼樣呢？不用想得那麼困難也沒關係。總之，請改變一直以來被動的學習方法，並反過來假想自己是處在不教人不可的狀況下來進行學習，試著實踐看看吧！

無論是學校、補習班，重考班的課程，抑或是模擬考的問題，要是覺得將這些內容放到腦袋中整理過可以理解的話，就對自己進行講授……，總而言之先試著去做就好。

首先是一個月，試著將自我講授持續下去吧！

會對不斷改變的自己感到開心，變得想要再繼續努力下去。就是如此強力的戰術。

鬼之原則 1 總結

1. 從被動的學習轉變為主動，藉由將心態切換成要來進行自我講授，讓學習的態度實現哥白尼式的革命。

2. 在課堂後的休息與回家後的學習中，設定好自我講授的時間，將模糊不清的部分或是疑問點在當天就解決掉，並將解題的流程刻劃進腦海中。

3. 先把目標放在持續一個月，將自我講授變成習慣。若能與朋友一起進行講授將會成為最棒的學習。

Column
01 修正對基礎能力的錯誤認知吧！

「在入學考試中基礎能力是很重要的。不要輕忽了基礎！」

我想這種話，身為考生的各位應該耳朵都聽到要長繭了吧！雖然是理所當然的事情，但對於不善學習的人來說，從基礎的內容學起，讓實力漸漸地提升可是很重要的。

只不過，若是各位認為所謂的基礎是：

「容易理解的事」、「簡單的內容」這種東西，那可是天大的誤解。

請將對基礎的認知，修正為「重要的事」以及「入學考試會出現的內容」吧！

一般認為，入學考試中有近八成的內容僅來自全體範圍的兩成。而符合這兩成的含意，即是所謂的「基礎」內容。也就是說，能控制基礎的人就能掌控入學考試。

雖然有時會覺得「會答錯是因為這題太難了，這是應用題啊」，但希望你們能留意到，這些充其量不過是將基礎知識和解法排列組合後製成的問題。至今所累積起來的學習內容中，有沒有能在這個問題派上用場的部分呢？請經常保有這樣的意識。

先前所說的便是如此。「入學考試中有近八成的內容僅來自全體範圍的兩成」，這句話真正的含意是，以基礎內容做排列組合，或是藉由基礎能力進行類推後能夠解開的問題，占了八成的得分這件事，並不是單純地學了那兩成基礎內容的範圍後，就能得到八成分數的意思。

基礎能力的真正意義就是，無論是面對應用題還是正式考試，都能成為解開問題的鑰匙。

為了養成這種能力，當藉著自我講授進行學習時，要常常保持思考：這個問題對入學考試來說有多重要？有可能在怎樣的排列組合後成為問題？邊留意這些邊進行學習是非常關鍵的。

有了上述的意識後再來做實戰等級的練習題，越是累積經驗，就越能提升作為根本的基礎能力，而與此同時，應用能力與得分能力也會連帶地成長起來。

學習的三大鬼原則 2

推薦，超快速反覆

重複的技巧

鬼之原則2

學習就是『重複』

鬼之原則2並不侷限於應考，而是就學習來說，是基礎中的基礎。

重複，這個動作對尋求應考戰術的人來說，已經不知從老師或是學長姊們那邊聽過幾次了吧！只要找人商量有關學習的問題時，就一定會出現「重複讀參考書吧！」、「複習很重要！」這類的建議，而事實上也確實是如此。

重複，也就是不反覆做同一件事就無法確實地掌握它。這在運動或藝術方面也是如此，可說是人類為了掌握一項能力，或是讓能力有所成長的共通方法。**雖然也有與此相反的論點，但是最厲害的人肯定是重複最多次的**。

也許正好相反。是因為重複的次數最多所以最厲害也說不定。哪個才是真的？目前雖然還沒有定論，但學習也是，若不一次又一次扎實地去做的話是沒辦法真正學會的。

但是，我覺得各位考生對「重複」這件事想得太過膚淺了。「啊，只要不斷去做就好了對吧。這樣一來我好像也做得到嘛！」……完全地小看了重複這個動作。

如果有人對板野說，請用一句話說明會學習與不會學習的人之間的差異，那麼板野就會主張，是會重複的人還是並非如此的人呢？這便是兩者的分歧點。

一直進行同一件事的艱苦，即使在運動來說也是當然，但桌上的學習則又更顯艱難。請試著想像看看。假如自己是足球選手，在所有人練習結束後，仍一個人默默地持續對著球門練習射門。不覺得相當辛苦嗎？

獨自一人默默地，像在自己身體裡研磨一把刀劍般地磨練著什麼。我想就是這種感覺。這毫無疑問是需要意志力的。絕對不是什麼也不想的一直射門而已吧！對每顆踢出去的球做出些微的調整，像是想掌握住什麼一樣。

即便是學習，態度上也是相同的。那些不斷地藉由補習班或參考書學習著，卻全然沒有取得成果的考生，正是因為他們不僅沒有實現鬼之原則1中所提到的自我講授的思考模式，同時，又把這鬼之原則2「反覆的動作想得太過天真的緣故」。

誤以為是想做就能做到的事，又或者，把做過一次的內容當成可以輕鬆地完成，這種漫不經心的態度，便是讓各位自學無法獲得成果的萬惡根源。

本章的鬼之原則2就是要讓大家理解，這個「重複（反覆）」的行為絕不是什麼輕鬆愉快的事，而是非得認真看待不可的。當獲得各位的理解之後，再來告訴大家正確的作法以及執行的時機。

✔「超快速反覆」的做法

和得分有著密切關係的重複，具體來說是怎樣的呢？

有效地重複的訣竅，就跟考模擬考或做練習題時是一樣的，在計時之後再開始進行。

各位或許一時之間想不透，在複習時加上時間限制的重要性吧！但各位是為了什麼才一再地進行複習呢？當然是為了想讓學習過的知識，像扎根一樣留在腦袋裡吧！為此使出渾身解數，無論是參考書的問題也好、上課的內容也好，都不斷地複習著。但是又要怎麼來衡量扎根的程度呢？又是以什麼來定義各位是否真的搞懂了呢？

實際上我已經看過許多，明明沒有確實地把知識留在腦海中卻蒙騙自己，自以為已經弄清楚的人。一直去做是很好，可是無法得知有沒有確實地留住那些內容，只是一再一再地重複，難道不會覺得很不安嗎？

所以，希望你們能好好地實踐這章所提倡的原則，「超快速反覆」。

所謂的超快速反覆，具體來說就是決定好時間後，一邊計時一邊藉由鬼之原則1中所介紹的自我講授進行複習，或是對背誦內容做確認之類的複習方法。

舉例來說，要對重考班90分鐘的課堂內容來複習時，一開始先把時間限定在10分～20分左右。不管怎樣，試著在設定好時間後來進行看看。過程中不拖泥帶水是執行的重點。

在決定好的時間中正確地進行。

而「碼表」在此時就能派上用場。無法找來碼表的人，用手錶或是智慧型手機的ＡＰＰ也沒有關係。總之，將它擺在桌子上，重點是讓自己隨時都能確認時間。

解題的時候也是，用自我講授來複習的時候也是，「一定要在○分內完成啊」，「絕對會在○點○分之前結束！」，像這樣設定好時間後就開始吧！

如果是用碼表的人，請在按下按鈕後開始，至於用時鐘的人，就請在時鐘秒針正好對到零的時候開始吧！「好，從八點十分開始。要在八點三十分之前把英文全部解讀完成並徹底理解才行！」，像這樣具體的決定好時間及內容後再開始進行。

板野用「分心學習法」獲得了大成功

這邊就來說說板野曾經做過的實例吧！其實板野曾經用過邊聽音樂邊唸書這種「分心學習法」。雖然無論是當時或現在，對**「分心學習法」**都有不少的反對意見，但是板野以此獲得了非常好的成果，所以還是在這裡將做法介紹給大家。

板野的做法是，在房間裡邊播放著自己喜歡並已經聽慣的音樂邊唸書的。因為當時聽的是黑膠唱片（！），一面需要的時間大概在二十五分鐘左右（沒有看過黑膠唱片的人，就請想成是開始後大概二十五分鐘會結束的音樂吧！）。

從開始演奏到結束的二十五分鐘之間，就要「認真地來一決勝負」。

第一首歌結束，進入第二首，過了第三首，被這種步調所影響，集中力慢慢地提升，漸漸地就連音樂聲都開始聽不見了。十分鐘過去，意識到音樂已經進入到後半段，一邊與眼前的問題奮鬥。像在倒數一樣，應該能感覺到剩餘時間帶來的壓迫感才是。

以單面六首歌的唱片來說，當到了第六首的後半時，已經是豁出去了。剩下一分鐘，集中力也到達了頂峰，若能在演奏終了的數秒前「好，完成了——！」，就會感到很痛快吧！而若是很遺憾地，即使歌曲結束了也沒能把問題做完，或是沒能完全理解的狀況下，就是**「輸了」**。

這種情況就只好重新再來一次了。這次，應該會感到很有餘力，只需用掉差不多一半的時間就能完全理解。在一次又一次進行的期間，你所喜歡的音樂會逐漸地轉化成「為了提高集中力的背景音樂」，所以完全不會有被音樂干擾的情況，反而能打開你學習的開關，成為幫忙提升集中力的重要角色。

除此之外，它還有另一個重要的功能，就是能提供讓人脫離低潮的效果。無論是誰都會有不想唸書或是陷入低潮的時刻，但若是早已認定聽了這個音樂就一定要唸書的話，就**能不被狀態所影響，並在學習期間打開幹勁的開關，順利地從低潮中脫離出來。**

✓推薦使用音樂的「分心學習法」

（＊以一首五分鐘左右的音樂來進行時）

5分鐘1首	10分鐘2首	20分鐘4首 英文	30分鐘6首 國語
背英文單字等等	解一題數學問題	長篇閱讀測驗	現代文閱讀測驗

POINT! ▶ 打開幹勁的開關

POINT! ▶ 推薦用西洋樂曲

這可是出人意表的正面效果。

板野就像這樣，執行了「分心學習法」。

並且獲得了相當可觀的成果。

時至今日，我想已經變成是邊用耳機聽著下載來的歌曲邊讀書了吧！這種情況下，可以將自己喜歡的音樂組合起來，做出各種不同的版本喔！

具體的範例就如上圖所示。另外，由於五分鐘一首的版本是用在超短期集中用的，所以重複地聽是使用上的大前提。

上面所說的雖然是板野個人的例子，但就經驗上來說，我覺得即使做出更長的版本也沒什麼意義。

正式考試是60分~120分，而實際上**要維持超過60分鐘的集中力是近乎不可能的**，所以比較推薦以30分鐘為限，稍作休息喘口氣後，再進行另一個30分鐘這樣的節奏。

然後是關於選曲，基本上來說如果是中文歌，不經意地就會想去了解歌詞的內容，所以**比起邦樂（日本傳統樂曲）更加推薦西洋樂曲**，尤其是明快且充滿活力的曲子會讓人更有幹勁。不過這部分，就請在實際試試「分心學習法」後，選擇比較適合自己的曲子吧！

聰明地運用了音樂的「超快速反覆」法，實際嘗試過就會明白它所帶來的效果，可以發揮出令人害怕的集中力，不知不覺中就過了快兩個小時的時間。這是板野所推薦，最有效的學習法。

✔「搞懂」和「學會」的大不同

那麼，其實這裡還有另外一個在重複上相當重要的重點。也是相當逼近鬼之原則2核心的一點。

只是在談論這個之前，先稍稍改變一下話題，講點題外話吧！

首先，「搞懂」和「學會」之間究竟有什麼不同，各位有沒有思考過呢？

「搞懂」和「學會」這兩者之間是有著相當大的差異。

打個比方，觀看電視中的運動比賽，假如已相當熟悉的話，就能通曉那個運動的規則，對選手一些動作背後的意義也能了然於胸。此時，「今天那個選手的狀態不錯嘛」，或「這個隊伍（選手）會贏，應該沒錯」等等，以身為一個球評來說也相當優秀吧！在聲援喜歡的選手時應該也相當開心才是。

然而自己實際來嘗試那個運動時，有辦法像電視上看到的選手那樣做動作嗎？沒辦法吧！豈止是沒辦法而已，根本是完全不可能吧！

這就是所謂的「眼高手低」。

意思是只有鑑賞的眼光很高，等到親手嘗試實行的時候，才發現自己只能達到這麼低的水準。無論是學校也好重考班也好，聽著上課內容「覺得懂了」與真的「自己學會了」，兩者間之所以產生巨大的落差，就是這個道理。

「搞懂」與「學會」之間，有著「眼高手低」這一道既深又巨大的鴻溝。覺得自己明白了與真正的學會了，完全是兩碼子事。

而填補這道鴻溝的招式，就是鬼之原則1的「自我講授」。各位透過學校或重考班的課程，以及藉由參考書或問題集來學習，習得了各式各樣的知識及解法，而知道的事物也逐漸增加。但是，不該僅僅滿足於將這些內容製成漂亮的筆記或整理起來而已，要自己對自己講授，先設法讓自己能夠「搞懂」。

然後當理解進展到一定程度，變得「搞懂」了的話，接下來就是設法讓知識在腦袋中扎根變成「學會」。所以，才卯足了全力的複習、解問題集的題目，或是藉模擬考之類的來進行確認。到這個階段為止，都是由鬼之原則1的「自我講授」來負責。

但是前方仍有陷阱在等著。搭起了「搞懂」到「學會」的橋樑之後，其實在下一個階段，還必須得飛躍過「學會」到「快速地學會」此一個鴻溝不可。

然而，感覺上只有很少數的考生，能意識到「快速地學會」這個層面來進行學習。

就直截了當地說了吧！

沒有辦法迅速地學會，是進不到會學習的圈子內的。

更進一步的說，沒辦法做到「快速並正確」的地步就沒有意義。那種程度的實力，就跟鈣質不足而讓骨頭中充滿縫隙的骨質疏鬆症一樣脆弱，在正式考試的生死關頭之際會毫無疑問地露出破綻。

要說為什麼的話，是因為在解決問題時，速度與理解度是有所關連的緣故。請試著回想。還是小學生或國中生的時期，不是有那種在學校的段考或月考中，明明考試時間有50分鐘，結果才剛過30分鐘沒多久就已經蓋上考卷趴著睡覺，頭腦聰明的同學嗎？或者是，你就曾經這樣過呢？

另外，在中心考試（日本的入學考試中心，簡稱中心考試）的會場也是如此。特別是數學或理科這類科目，就會如實地呈現出差距。有著只用差不多30分鐘就解完所有問題的討厭傢伙們對吧！也有雖然沒有那麼快，但是還剩下不少時間的考生。然後那些傢伙們幾乎全員都拿了高分。

因為他們是站在比題目更高的位置俯瞰著問題的。從容地回答，**甚至還有時間來進行避免失誤的「檢查」工作。**

而與此相反，也有著對數學一類的問題拼命舞動著鉛筆計算，卻又因焦急導致錯誤百出只好用橡皮擦擦去算式，最後用盡了時間的考生。或在英文閱讀測驗時，相同的段落即使讀了好幾遍卻都進不到腦袋裡，對解答也沒什麼自信，但還是不得不繼續往下解題的考生。國語也是，明明是閱讀現代文卻花掉太多時間，而毫無頭緒的古文更是消耗了大把的時間，結果在開始解答漢文（文言文）之前就被宣告時間終了的考生……。你沒有這種狀況嗎？

像這樣解題偏慢的學生們，對知識的把握太過曖昧，而理解程度則是隨時都會垮掉般搖搖晃晃的樣子。

明白了嗎各位？請讓自己變得既「快速」又「正確」吧！

雖然是這樣講，但即使被人說了，請讓自己變得能快速學會吧！只要人家這麼一提就能馬上變成那樣的話，這本書也就不需要了。

於是，在這裡終於要把話題拉回來。不多廢話，讓我們進入正題吧！

✓超快速反覆的觀點

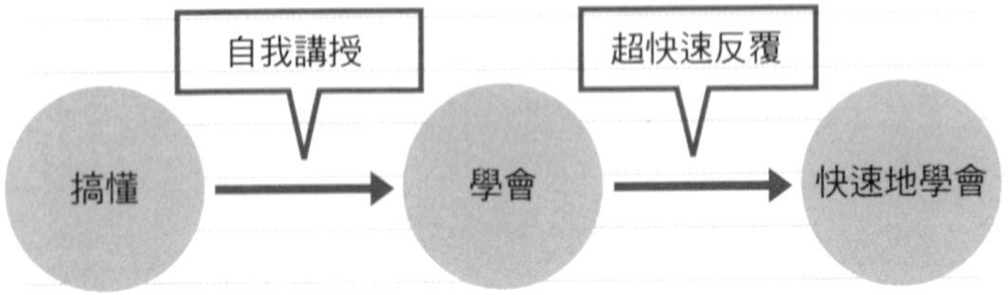

POINT! ▶ 計時後進行
POINT! ▶ 目標是更快，並且更加正確！

鬼之原則1的自我講授以及平日的學習都一樣，請將**反覆時能夠多麼順暢地進行解法的再現**視為最重要的課題。

即使多多少少會遇上一些挫折，總之，要能流暢到即使教導別人也不會感到羞恥，以這種程度來重現解法是非常重要的。

並非只是單純的重複，有沒有好好地達到更加快速，且更加正確地理解呢？把這些當成每次的目標，不斷地持續更新吧！

到這邊為止，已經從兩個不同的觀點來談論了超快速反覆。

第一個是，無論是演練問題或複習時，都要**和考試一樣，設定好時間來進行**。不要磨磨蹭蹭的。

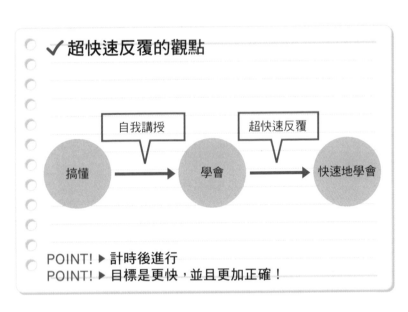

而第二個，**則是要在可能的範圍內，盡力於順暢地再現解法**。「快速，並正確地！」。若是有股流暢的感覺，那麼理解度也會很高。這很有可能會連繫到接下來問題的正解上。

那麼，到此已經談論過解法的再現或速度，這種訣竅類的部分，而與這些話題幾乎是成套般令人在意的問題，我想就是**「要做幾次才可以呢？」**這點。

以單純只需背誦的知識領域來說，就要做到「直到記住為止」，但若是參考書或問題集這一類來講，確實會感到迷惘呢，說不定是最常從考生那邊聽到的疑問。

最好的做法果然還是「應該做到自己真的弄清楚為止」，雖然想這麼說，但是要怎麼判斷自己到底弄清楚了沒有，很讓人苦惱對吧！此外，也必須面對，沒有時間讓自己做好幾十次的這個現實。

所以板野就在這裡下指示吧！

務必用三次就讓它完成！

當然沒有什麼是比增加次數更好的了，但在需要伴隨理解的領域上，有關這部分的學習，比起只是默默地累積次數，設定目標以及在設定好目標後牢牢遵守的強烈意志將會是重點。另外對考生來說，最大的問題就在於時間不夠用。應該不是慢吞吞、拿不出幹勁的時候了啊！

附帶一提，重考生失敗的典型模式，就是確信自己比起在校生有更多的時間這點，悠悠哉哉地學習而沒有獲得實質的成果。

做了三次也沒能掌握的話那就一輩子也學不會了，非得抱有這樣的覺悟不可。

接下來要來談談這三次複習要怎麼進行分配。關鍵就在於各自訂定主題後，再來嘗試進行學習。

✔複習三次的意義

首先是第一次，要在當下就進行複習。請確實理解自己答完題目的思考脈絡。若是第一次複習就拿不出幹勁的話，在問題演練這方面，將無法進行第二次複習。

當解題結束後，藉由對答案找出錯誤，若是理解了就應該當場進行第一次的複習。

先只看問題，試著用自己的力量去追尋問題的思考脈絡。即使已經把答案記住了也完全不要緊。不借外物的力量，找到推理出模範解答的途徑也是非常重要的。

在這裡掌握住對題目的正確思考脈絡以及必要的知識吧！另外，這個問題對自己來說，是很簡單隨便都能答對的呢？或者是既困難且重要的呢？像這樣把問題做分類也是第一次複習的目的。

從第二次複習開始，把精力集中在不會的或重要的問題上，按照這個順序來不斷演練。

這麼一來，**複習將可以獲得事半功倍的效果**。

第二次複習時請特別留意「時間效益」這個部分喔！**所謂的人啊，「答錯一次的問題，第二次很有可能還是答不出來。更進一步地說，兩次都答不出來的問題就永遠也學不會了」**，就是這樣的一種生物，所以無論如何，第一次複習時解不出來的問題，要在第二次徹底將它擊倒不可。

為此，在第一次複習時就要預先區分出已經會了和還不會的問題。請務必要做到這點。

【具體範例】在問題上做下列的記號。

◎⋯簡單，會了。不需要複習第二次。

○⋯幾乎都懂了。在第一次複習就精通它。第二次只需要確認就好。

△⋯雖然答錯，但在第一次複習時應該已經理解了。在第二次要特別進行確認。

×⋯答錯了，有點懷疑是不是真的理解了。在第二次複習時一定要精通。

然後，**請在一週內進行第二次複習**。可以挑自己適合的時間，只要是在一個禮拜內就沒有問題。

在著名的「艾賓浩斯遺忘曲線」理論中提到，一般人到了第二天，就會把前一天記住的東西忘掉個四分之三左右。

因此有必要在一週內，再將記憶加深一次。第二次複習的要點，就在於能否流暢地進行。之後會談到的第三次複習，其意義則是在掌握知識，但是比起第三次更重要的是，無論如何都要在第二次複習中，正確地找出必要的知識和解法。

讓第一次複習時自己的努力，帶來確實的收穫吧！為此，請從比較困難的部分來著手吧！也就是從先前具體範例中的×開始依序進行。而理所當然，其中也會出現無法順利解開的題目吧！但這正是替你找出了還能進步的部分。

第二次的複習具有爆發力也是它的特徵。

會唸書的人在進行第二次複習時，對在第一次複習中搞錯的問題會有「能理解了！」，這種腦袋的核心部分好像捕捉到什麼一樣的感覺。從而對知識的掌握，以及問題解法的熟練變得有自信。

藉由充實第二次的複習，當看見其他類似問題時，即使是第一次面對的題目，也比較容易察覺到與之前問題的相似之處。要領就在於變得能有效應用這點。

定期考試雖然能取得好成績，學力考試卻無法如此的人，就是這部分的學習不足。

所以，第二次複習不是單純地進行確認就結束，請藉由最大限度地活用自我講授，從所有的角度來進行複習吧！**這裡就是決勝點。**

當然，在這次複習中也要執行「超快速反覆」的學習法。即是說，在第二次複習時也要留心時間，像在追逐自己一樣地來學習。例如決定好了要用20分鐘來複習，如果執行的不

✔在不會的問題上貼標籤吧！

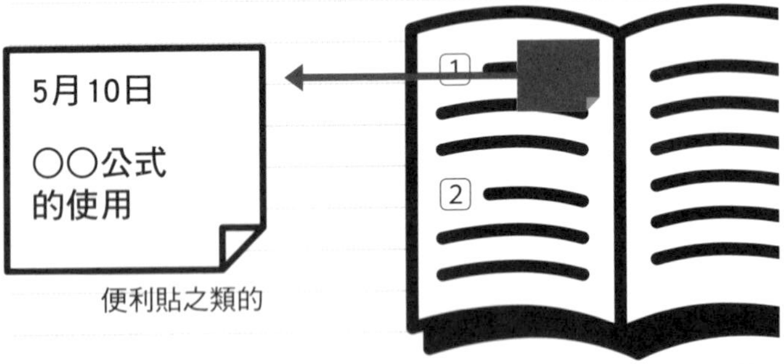

POINT!▶寫上日期以及不會的部分

成功就必須要在當下重來一次。此時推薦的做法是，將時間設定的稍稍緊湊一點。

即使重做一次，當然也還是算在第二次的複習裡。為了不讓各位誤解，在這裡先作個說明。因為是第二次的複習所以也只重新看兩次，並不是這麼一回事。在這個階段早已經把一個問題重新研究過十幾遍，並請別忘了要邊確認邊進行自我講授。而也因為如此，**第二次複習正是最能孕育出得分能力、最關鍵的一次複習**，請將這點銘記在心。

不過即使這麼做了之後，還是有感到無法充分理解的問題時，就先暫時放棄、拋下這個問題。此時**在題目上留個標籤吧！**就

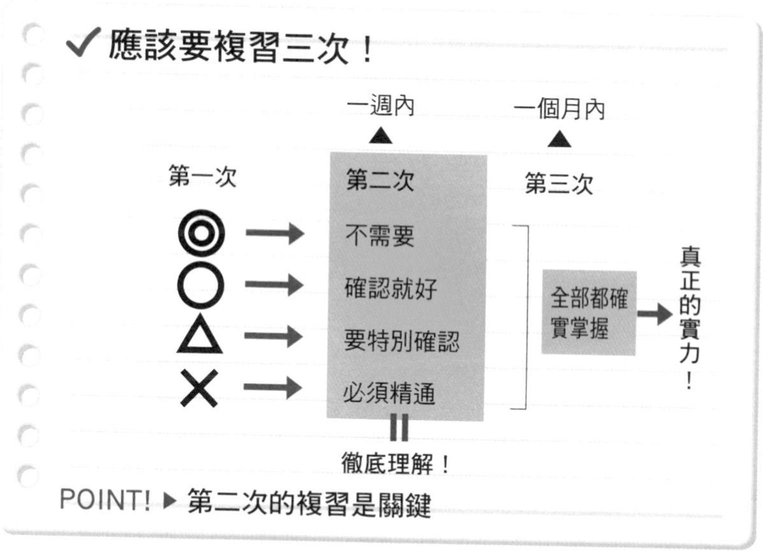

是經常能在文具店看到，貼上後還能撕下來的貼紙或是便利貼等等。在標籤上留下一句簡單的註解，將日期以及不會的地方，或者是還抱有不安的部分寫上去吧！

再來是第三次複習，請選在一個月內吧！而第三次的主題是「確實掌握」。

複習已經到第三次，在第二次複習中建立起相當自信的各位，或許會覺得大概沒什麼問題了而有所輕忽也說不定，**但這是不對的**。有時會出乎意料地忘了一些東西。

請在第三次複習時，把剛才所說標上◎和○記號的問題也包含進去，試著全部重做一次。在這次複習中，要對似乎已經學會的自己再做一次確認，之前順利解開的問題，偶爾會意外地出現判斷上變遲鈍等各式各樣的狀況。

但是，即使過程中會感到有起有伏，但試著貫徹學習到最後，將可以得到淬煉完成的真正實力。像這樣完成了三次之後，自己就會變得能充分地教會別人了吧！此時，不是對自己而是對朋友或不擅長學習的同班同學進行講授的話，就能更進一步地把握那些學習內容。

雖然鬼之原則1中已經提到過了，但在定期考試前夕召開「和朋友的讀書會」，大家互相教導也是一個好辦法。

透過這樣來學習，將能逐漸培養起**無論是模擬考或正式考試都能適用的真正實力**。

鬼之原則 2 總結

1 重複進行正是學習的神髓。只不過，不是拖拖拉拉地重複，而是設定好時間，集中精神的「超快速反覆」。

2 為了集中精神來進行「超快速反覆」，將碼表或音樂等工具做妥善的運用，確實地進行鬼之原則1的自我講授。

3 從「搞懂」躍升到「學會」，並且為了更進一步變得能夠「快速並正確地」，必須進行三次有意義的複習。

Column

02 修正與背誦有關的誤解吧！

誤解其之1

沒有背誦就沒有思考。首先就是背誦。

這裡來談論一下，關於學習最根本的精神以及態度。

當今社會，充滿了對填鴨式教學的批評，「憑背誦教育是無法孕育出獨創性的。應該要進行富有創意的教學」，像這樣的風潮吹向了教育業界，而對背誦的負面印象也不斷在增強，但這很明確地是搞錯了。

至少在考大學或被稱為「考試」的賽場中無法被當成批評的目標。雖說日本大學入學考的AO（Admissions office）入學考或推薦入學中，對小論文及面試等方面還是追求著一定程度的創意或獨創性，但說到一般筆試的話，果然還是背誦。

為了應考的學習就本質上來說，與其說是思考不如說就是背誦也毫不誇張。

如果不怕被誤解而講得極端一點的話，在現今的日本應考大學就是「背誦戰爭」，即使這麼說也不為過吧！

若要說為什麼，因為對應考來說「學習」的定義是，「把不知道的事情記住，變成知道的事」。

要說**本來學習的理想，應該是將記住的知識化為自己的血肉，變得能夠運用之後再來完成屬於自己的獨創性或創造性吧！**

但是，即使是這種理想中的學習也要習得知識，也就是說，正是有了開頭的背誦最終才能孕育出獨創性或創造性，而相反的，若是沒有穩固的知識來作為學習的根基，那份獨創性或創造性也不過只是膚淺的偽物。

被稱為思考力的東西，指的也是運用自己擁有的知識來思索的能力。只要神不會降下啟示，就不可能對自己所不知道的事物來進行思考。關於那些不知道的事，結果也只能就自己所知的範疇來進行排列組合、從已知的事物做類推，或者從自己經歷過的經驗中來推論等。假使有什麼天才般跳躍性的想法或靈光一閃，也是因為有這個根基的存在才有辦法躍升，不可能無中生有。所以，**「將可以謂之真正的思考根基的知識記住＝背誦」，是絕對無法逃避的。**

誤解其之2

從應考中勝出的思考力，與創造它的兩個背誦

不過，想要從應考中勝出，下列的兩個背誦是必要的。

第一個是「死背」。不管怎樣都請想辦法記住吧！

各位為了應考，不想辦法增加必要的知識量不可。像是古文單字、數學公式、英文單字等，必須要不斷地背誦這些內容，然後將它變成自己大腦中的存貨。

大家之所以能夠自在地使用母語，就是因為已經記住了母語的緣故。而與此相同，**對各科目來說最低限度的必要知識，請先貪心地將其吸收並牢記吧！**

有關這種單純的背誦，某種意義上，請讓自己像是淡然地完成工作的機械一樣來記住吧！當然，只用一次、兩次是沒辦法記起來的吧！所以請在記起來、忘記，又記起來又忘記這樣的迴圈之中，盡可能將它作為能夠運用的知識蓄積起來。

電腦的好用之處，就在於能夠儲存非常大量資料的同時，只要進行搜索就能馬上找出必要的資訊。**請不要忘了，不僅只是單純地記住，而要作為能盡情自在地運用的知識來進行背誦。**背誦之路也是相當深奧的。

第二個是「解法背誦」。

請將通往解答的流程，伴隨著理解來進行背誦吧！

舉例來說，參考書上幾乎一定會有例題，而那些例題應該都有附上相當詳盡的解說才對。所以在演練那些基礎問題之際，會熟讀解說並致力於理解通往解答的流程吧！

以此來進行「解法背誦」的情況下，最初並不是靠自己粗淺的思考去解題，而是將理解書中的解說內容作為核心。「原來這個情況是用這種途徑去解的啊！」不像這樣多多累積經驗可是不行的。然後在「理解了之後」再來進行背誦。用「背誦」這個詞彙說不定會被誤解，所以這個解法的背誦，也可以說成是**「累積經驗」**。

數學的話，請多多累積公式使用模式的相關經驗。重複到當看見問題，瞬間解法就會浮上心頭為止地一再重複。並投入心力，直到有辦法將解答的流程，全都以容易理解的方式對別人說明為止。**請務必要執行鬼之原則1的自我講授。**

而若是英文的長篇，在唸過好幾遍把握了單字和文法的意思之後，最終要達到「用英文來理解英文」這樣的境界，徹底不斷地練習。用身體去牢牢記住。

在讀英文長篇時，我想無論是誰，起初都會一邊留意著單字和文法，並且像「這個是S，這個是V」這樣分析著文章結構。但只是這樣實力是無法提升的。要從這裡開始慢慢拉長呼吸，將視野擴展到文章整體，一邊讓自己達到能瞬間說出各段要旨的程度，一邊提升速度將文章全部讀完吧！

終極目標是能捕捉到文章整體想表達什麼內容，並且更進一步，請建立起能找出它們在英文長篇中的什麼部分，並僅憑原文就可以從文章中捕捉到要點的力量。**「用英文來理解英文」所說的，就是這麼一回事。**

現代文也和英文一樣，透過各段落的摘要，讓自己能快速並正確地捕捉到文章全體的主旨。讓自己變成老師，將問題與到達正解的流程，理解到能夠教導學生的水準，要是無法說明可是不行的。

累積這類的基礎練習，當「能使用的背誦量＝知識量」逐漸增加，**對初次看見的問題，會磨鍊出一種類似直覺的東西。**

另外，雖說一樣是記住，但不是２＋２＝４這種加法算式的背誦。若是能做到像２的次方倍這樣的背誦，一樣是累積到１０００，將能縮減相當多的時間。

要說這是什麼意思，也就是並非將某個知識和某個知識就這樣原原本本背起來，而是**試著想想看將兩者連結起來，或是重新總結一次這類的做法。**另外，在記憶的方法上也下點苦心看看。比如說，以日文古文單字作為例子，起初努力地以死背的方式背下了幾百個單字（如果參考板野的『565』的話只是一眨眼的功夫）。過了一陣子之後應該會察覺到，當把那些單字譯成白話文的時候，有好幾個單字都帶有「優美」這層意思。「崇高美觀（いうなり）」、「安寧美好（えんなり）」、「清新優雅（なまめかし）」等等，就能試著將它們概括到同一類。或是來歸類反義詞，也是個不錯的做法吧！

而若是英文單字，在記住一定程度的單字後，就會獲得語源的相關知識。如此一來，背誦的效果就會提高，**或是能夠得到讓往後學習中出現的單字，跳躍性地變得更容易留在腦袋裡的效果**。藉由凝聚了這類的苦心，讓一開始只是加法算式的背誦量，從中途開始變得像是2平方的延伸那樣。2的加法運算，不加個500次是無法到1000的，但是2的平方，只要10次就能到1024了。

雖然書中寫著背誦是很重要的，但並不推薦毫無方向，一味地消耗時間只求記住這種有勇無謀的做法。

關於記憶的方式，應該要留心最佳效率，並且若不是伴隨著理解而能夠運用的知識那就沒有意義，在此強調這一點。

學習的三大鬼原則 3

最強的輸出法

可以獲勝的應考學力

鬼之原則 3

大幅提升得分的輸出法

雖然在鬼之原則2中，以足球選手練習射門作了例子，但棒球的一朗選手對於練習的思考方法，也有許多能作為學習法的參考要點。

當一朗選手接受採訪，問到有關自己每天的練習時：「只是因為有努力就覺得會有回報，那真是一大錯誤吧！即使同樣都是努力，若不加以思考就來努力可不行」，留下了這樣的訪問內容。

各位考生們也是，在接下來的學習中，**自己的成績會以什麼為依據，並以怎樣的方式來提升呢？希望你們在腦海中帶著畫面來努力。**

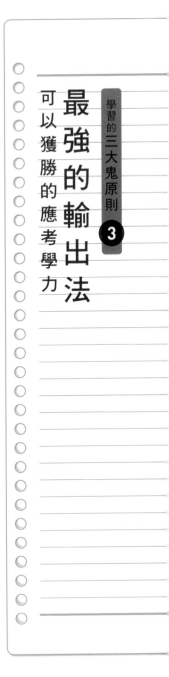

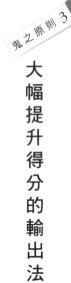

難得在鬼之原則１、２中，學到了「自我講授」和「超快速反覆」，為了在學習中發揮作用，自己非得要有確切的目標和計畫不可。

為了不要在學習的過程中成為迷途的孩子，自己要如何學習來讓成績有所提升呢？確切地在心中做出想像，對考上志願大學的最終目標，必須精確地制訂好學習計畫。

像這樣的思考方式稱為**「從目標的反推」**。

這是即使在出了社會後也能適用的思考方式，先決定好最終的目標再開始反推之後有什麼是必須去做的，在建立好計畫之後再來實行。

這種情況下，**若不是具體的目標是絕對不行的**。

具體地設定好理想學校及其科系是自不待言，但對於這中間的過程來說也是如此。比如說，「想變得會英文」這種就不行，而是「〇月〇日的模擬考中，英文要拿到偏差值70以上」或「這本問題集三個月內做完」等，不是徹底明確的內容就不行。有關這部分，具體的計畫方法在下一章的鬼之細則３中會再說明。

那麼，在這邊來問個問題。各位對於自己成績的提升與否，是怎麼下判斷的呢？

恐怕很多人都是藉由學校的實力考試或模擬考的成績，抑或是挑戰考古題時得出的分數來下判斷吧！

就是如此，判斷的基準就是「得分」。

自己現在能拿多少分，再從哪邊多拿幾分就能考上呢？藉由像這樣對事物客觀地詳細調查後訂定對策，才能讓成績提升，最後從考試中勝出。

至今的鬼之原則都以「輸入」作為話題的核心，**而鬼之原則3這章，則要來談論為了得分的「輸出」**。

因為大學應考最終還是「得了分才有意義」的世界，這個原則正是為了在最終能奪取桂冠的最後衝刺。請用心細讀吧！

✔可以獲勝的學習是？

大略來說可以將學習分成「輸入」、「輸出」這兩個面相。

輸入也能說成是「背誦」或「理解」，將需要卻不知道的事物逐漸記住，以及對不懂的事物進行理解這樣的工作。

而另一方面，輸出所指的則是在演練問題或考試時，閱讀題目後對其詢問的內容，從腦袋中提取適切的知識來解開問題、做出回答的工作。

同時帶有這兩個面相，就是學習此一行為。**但是幾乎全體考生都有著偏向輸入的傾向**。也難怪，畢竟平日的學習時間，大半都被用於輸入了不是嗎？

確實在廣義上來說，「學習」這個行為本身的意義就是輸入也說不定，但若是放在為了從大學入學考中脫穎而出的「可以獲勝的學習」這個主題來說，這樣的看法並不能說是正確的。

若要說為什麼，因為得不了分的話，應考學習也不過就是單純的手腦運動，假如沒有考上，就會落得浪費了龐大時間卻無所得的下場。應考是最能印證「成王敗寇」這句話的。

在這個意義上，**許多考生卻對怎麼得分這點沒有足夠的意識**。在實戰中的得分能力，亦即做出致命一擊的能力，若沒有這種能力是無法打勝仗的。而也就是說，可以獲勝的應考學力，關鍵正在於輸出。

✔參加模擬考吧！

到此已經說過，輸出能力才是真正握著在應考大學時金榜題名的鑰匙。接下來，就要正式地聚焦於輸出的做法，來談些深入的內容。

各位在自我講授或超快速反覆中的那些具體做法，即是為了最後能進行輸出這個目的而存在的。

雖然理解、背誦了，但為了弄清楚入學試題實際會如何來出題，而關於這點又要把目光放在哪裡才能在時間內想出正解，僅憑參考書之類「讀了之後理解」為核心的輸入，用教材是辦不到的。**模擬考和考古題等等，是與正式考試性質非常類似的練習，必須藉著多次的累積來提高得分能力，把可以獲勝的學習刻入身體中。**

雖然輸入也是非常重要的學習，但是為了將那些蓄積的知識，當成「對於提問的答案」適當地將其取出，並作為答覆來輸出，這需要非常充足的訓練。

那麼，就進入具體的輸出做法吧！

首先，在各位的日常學習之中，與正式考試最為相近的可說就是模擬考了。

許多的考生都以模擬考的成績為基準，估算自己與理想學校的距離吧！這種情況下，雖然模擬考的結果本身能成為參考，但比起這個，對模擬考的結果不起情緒上的起伏，只對模擬考中出錯的部分做確實地複習，在一次又一次的考試中發現自己的課題，並在接下來有效活用，這是與模擬考打交道最有效的方式。

但是，以活用模擬考來養成實戰能力的這種輸出觀點來看，話就又不同了。

從結論說起吧！

各位，請對模擬考的結果歡呼或哭泣吧！

在模擬考中能做出多少成果，這是參加考試最重要的主題。

而先前所述，把模擬考用於複習來提升實力、找出下次的課題之類的工作其實只能排在第二。

確實，模擬考說到底也就是模擬考。各位應考各自的理想學校時，問題的難易度和傾向上有所差異的情況很多，所以既會懷疑模擬考的結果究竟有多少可信度，而被模擬考的結果影響了情緒，對精神面來說也並非好事，這也是事實。

但是，拘泥於模擬考的結果而情緒起伏，若能持續在模擬考中取得好成績，**就會漸漸掌握到能做出關鍵一擊的能力**，有這樣的優點亦是事實。

模擬考中得不到理想結果的人，當然也有在學習面上的實力不足，而成為另一個重大的因素，但很多時候**是因為沒有體驗過從比賽中勝出，身體無法理解勝利究竟是怎麼一回事的緣故。**

所以不知不覺中，「這次也還不是正式考試」、「下次再加油就好」，這類的感覺就會逐漸滲透入身體裡，結果有不少的學生直到正式考試當天，都沒能培養起為了獲勝所需的**在考試最熱烈時的競爭心跟集中力**，只能以敗北收場。

對勝利有所執著，若是失敗了就要進行復仇，帶有這種強烈的心情會為平日的學習帶來影響。

因為有著想要在下次的模擬考中拿到好成績這個目標，所以即使當天必做的課題相當艱苦，也能夠全力地去完成，或是因為忘不了那種不甘心的感覺，所以能持續維持集中力來進行學習。

另外，與學校那種限定好範圍的定期考試不同，對於不知道會出些什麼題目考試的應對能力，也就是說，在養成正式考試中也能適用的實力上，也要能活用於模擬考。**在實戰中能夠拿分，才能說一直以來的學習有了回報**，也才能說鬼之原則3的輸出法是獲得了成功。

也有人是在限定範圍的期中期末考中獲得了好成績，卻對實力考試或模擬考很不拿手的對吧！那是經常能在擅長「輸入型」學習的人身上看見的案例，因為對決定好範圍的考試，在精神上能有所餘裕地來應戰，所以在「輸入≒輸出」這種圖表的基礎上，順利地進行著的例子，板野將其稱為**井底之蛙的類型**。

但是，範圍更廣且不知道會怎樣、從哪裡出題的實力考試或模擬考，是在尋求真正意義上的輸出，所以進行著井底之蛙型學習的輸入型學生無法取得成果。

這麼說來，能稱霸模擬考的人才是擁有在正式考試中也能適用的實力，這樣的說法也是有點道理。「因為正式考試與模擬考的難易度和傾向不同，不用太在意也沒關係」，這麼說只不過是藉口。

此外，好不容易有模擬考這種與日常學習相異，不同次元空間中的比賽，沒有辦法讓它在正式考試也發揮作用，其實是非常可惜的。

所謂的人，是在腦袋搞懂了之後才有辦法讓身體也明白，也才能讓自己的核心部分掌握住這個事實。

通過模擬考，把從考試中勝出的感覺，用自己的身體深刻地記住吧！

不過即便這麼說，明明實力還沒有培養起來，突然就要要求初次模擬考的成果，我想這毫無疑問只會導致引擎熄火。因此，就從學習開始的三個月之後，再將模擬考視為正式考試吧！

例如從高中二年級的一月左右開始應考學習的人，目標就放在春天的模擬考；高中三年級春天起步的人，就從暑假的模擬考開始進入認真模式，一頭栽進去吧！至於在這之後的人，就請把高中三年級暑假結束後的模擬考看作是正式考試吧！對模擬考的結果，請以比至今為止更高一級的幹勁來作為應戰態度。

藉著多用點心思，模擬考所能為實戰能力帶來的效果將會變得全然不同。

而在模擬考複習中為了得到更好的成果，請將必要的部分，以更加認真的態度來進行自我講授，邁向下次的模擬考。

還有另一個活用模擬考的實戰能力養成法。就是和不同的派別交手。請報名不是在自己的學校或重考班中進行的模擬考吧！正式入學考試時，通常不是在主場，而是被強迫在客場作戰。在沒去過的考試會場中，被大量沒見過的勁敵包圍底下奮鬥，這就是正式入學考試。

作為養成實戰能力的訓練，在不同於平常的環境、處在客場的狀態下，請勇敢地衝進去，並在那種環境下的模擬考中做出成果吧！若不在客場中養成堅強的感覺與精神力的話，是無法在正式考試中勝出的。

✔盡早購入考古題！

除了名為模擬考的輸出之外，還有另一個重要的輸出，就是盡早將考古題拿到手並常常拿起來翻閱。

許多考生都認為，要做考古題之類的還是非常久之後的事，或是覺得等到了第二學期之後再說，甚至更誇張的人，會覺得到了冬天的前夕再開始就好。

也不是不理解那種心情。畢竟即使現在試著做了也沒辦法取得好成果，說不定還會失去自信。考古題應該是等有了實力之後，在即將正式考試之前才去做的……完全理解了各位的心情之後才這麼直截了當地說：

無論如何，請刻不容緩地將考古題拿到手吧！

可以的話，在夏天之前就拿到手吧！

雖然這麼說，不用認真試著去解也沒有關係，**剛開始的那段期間，請把考古題當成雜誌那樣隨意翻閱就好。**希望能事先準備好，能讓內容在平日中也能映入眼簾的環境。

如此一來，一旦到了不得不認真做考古題的時候，就不會感到害怕，而能盡情將當時自己的力量發揮到最大限度。而為了如此，希望盡早開始準備。

即使實力還遠遠不足以應付考古題，也應該少量少量地先看過考古題的內容。而在這樣一點一點看著的期間，隨著鬼之原則1、2讓學習順利地進行，並讓成績也有所提升，然後在某天洗完澡要睡覺之前，想著今天也來翻翻考古題吧的時候，突然，**「欸？這樣的話不就能解開了嗎？」**如果有了這種感覺，就請試著稍為做做看吧！有不懂的地方就看看解說也沒有關係。

在嘗試了之後，**「欸？意外地能回答也說不定」**。若是像這樣就太棒了。原本那樣敬而遠之的考古題，也會漸漸變得很想試著去解解看的。到了這個階段的話，就大量地去練習吧！

這是基於人腦組織結構的一種手法，人類對第一次碰上、還沒習慣的事物都會抱有警戒心。但是隨著接觸的次數增加，這份警戒心就會逐漸消失。

請想想看，究竟考古題是為了什麼而存在的呢？就是為了讓各位認識在正式考試中不得不挑戰的敵人，並對其制定對策而存在的。這麼一來，接觸考古題時間越長的人，也必然地能夠得到更多構思對策的時間。

實力培養好之後才開始做考古題，**這種想法是把應考對策的考古題當成了「挑戰」的錯誤思考方式。**

「這麼早就開始看考古題很浪費耶」，雖然也有像這樣打岔的人，但這是錯誤的。本來考古題就應該拿來當作鑽研對象。

鑽研考古題的第一階段就是了解敵人。以這個意義來說，即使從很早的階段就開始看也完全不是問題。考古題不是那種輕易就會失去挑戰價值的纖弱對手。早點把握住該大學入學考試的全貌，這才是重要的。藉此就能產出**不做多餘的學習就能順利把握的大**

優點。

✓通過鑽研考古題，理所當然地提高水平線吧！

之後是第二階段，終於到了要認真地運用考古題來鍛鍊實戰能力的階段了。以時期來說，我個人希望這個學習法，快的人能從夏天，稍慢一點的人也希望從秋天的十月開始實行。

這裡請讓我稍為脫離一下主題。

各位有經歷過國中入學考或是高中入學考嗎？有經驗過的人請稍稍試著回憶一下。那個時候真是神童啊，什麼都做得到的感覺，或是明明才剛在學習上下了苦工，已經又到了下一次的考試了等等，能聽到各式各樣感想的樣子，但是在此想問各位的是「要是現在突然被人家說，給我再做一次國、高中入學考試的題目！會怎麼樣呢？」。

像是搞不懂那時的自己曾在哪些部分的學習上吃盡苦頭一般，現在看來不都覺得很簡單嗎？即使有幾個忘了的項目，如果有一兩個月的時間，不是大半的人都能取得高分嗎？

會這麼覺得是因為高中入學之後，持續地接觸著程度和難度更高的事物，結果在各位體內理所當然辦得到的程度，在不知不覺中也跟著提高了。

我把這個現象稱為「等級的底線控制」。然後，有關這個高中入學考中所發生的現象，這次想讓它出現在大學入學考中。

雖然這麼說，依相同的道理現在開始做大學入學考難度以上的東西，以現實上來說是不太可能的。

那麼在這種情況下，什麼才是現實的作法呢？

首先，把各位體內『理所當然水準』的線給往上拉到極限為止吧！

而向上提升的方法，請先以鬼之原則2中所提到，重現解法的手法，**將考古題重複解個三次試試吧！**

當然與此同時，也必須藉鬼之原則1中自我講授的技巧來讓理解加深。

開始重複之後，即使將答案記起來了也沒有關係。為了能解題、思考、理解三次考古題，一再地自我講授是很重要的。

提升底線控制到理所當然水準的意思，比起各位所想的更加單純。

是否到達了理所當然的水準，是取決於接觸經驗值的多寡。

高中入學考那時也是，因為幾乎每天都接觸著考試時會出現的問題，所以正式考試當天理所當然地能取得好成果。

演練考古題最大的目的，雖說是在知己知彼上，但藉由一再去做考古題，提升等級的底線控制到理所當然的水準，就能在各位的體內建構出某種「餘裕」。

然後那份餘裕正是，能讓各位在考試最熱烈時保持冷靜，並有很高的可能性，進而成為掌握上榜與否的鑰匙。

鬼之原則 3 總結

1. 應考學習的最終目標是在正式考試時的得分能力＝輸出。為此要最大限度地活用「模擬考」，培養出可以獲勝的學力吧！

2. 志願學校的考古題要盡早拿到手並放在自己的身邊。然後，最慢也要在秋天之前開始鑽研考古題，提升自己的經驗值做好準備吧！

3. 做了考古題的話，就用鬼之原則1的「自我講授」與鬼之原則2的「超快速反覆」來回複習三次，並深化自己的理解來進行攻略吧！

Column

03 養成「實戰能力」吧！

首先，以「像在騙人一樣的真實故事」為題，介紹一封各位學長的來信。

我在重考一年後成為了大學生。但是目前所在的大學，其實並不是第一志願。第一志願是板野老師的母校，京都大學。一年來忘我地致力於學習並迎來了考試，結果卻沒有考上。真的不是普通的沮喪。即使做到這種地步也沒辦法嗎……？

然而前幾天寄來了京都大學的成績單，稍微看了之後大吃一驚。**居然離最低錄取分數只差0．3分……。**悔恨、難過等情緒不停地湧出，但在此時突然有個想法，「為什麼，就只差了0．3分而已呢？」，於是試著冷靜地想了一想。單刀直入地說，我的敗因就是「心情」。

一年間雖然忘我地學習了，但其中有過好幾次突然冒出「說不定還不行」、「恐怕會落榜」這樣的想法。結果，直到最後都想像不出「自己考上時的模樣」。

所以現在，在這裡，無法克制地要向以自己憧憬的大學為目標的各位吶喊。請絕對不要膽怯啊！各大學報名者的實力，真的只在伯仲之間。當已經充分地養成了自己的實力時，**最後決定上榜與否的就是「強烈的心情」**了。

現實中只差兩分、一分，甚至是不到一分的差距就區隔出了考上與否。帶著強烈的情感，像要把最後的幾分也搶到手的那份心情，請不要忘記了啊！

另外還有一件想預先提醒你們的事，就是「對自己的努力帶有自信」這點。雖然可能有點矛盾，但我覺得，沒有什麼比自己去年一整年的奮鬥更棒的事了。

在結果還沒出來的時候，或是知道了以些微之差沒考上的時候，的確感覺到了悔恨、悲傷。但是，因為對自己的努力抱持著自信所以沒有被打倒，接受了現實。在自己卯足全力贏來的這個落腳處，下次以不同的形式加油吧！才能以這樣的想法來面對。在此祝各位考生應考順利。

＊　＊　＊

除此之外，板野也收到了某個考生的聯絡，說距離考上東大只差「０・０６分」。滿分550分裡只差了僅僅「０・０６分」。因為高手們實力真的都非常地接近，所以最後是以「運」、或者說是「心情」來分出勝負。

中心考＋複試＝合計５５０分中，**在僅僅的三分差距內，五人中就有一人東大落榜**，現實便是如此地嚴峻。而在科目數較少的私立大學來說，這種一分的故事更加令人感到貼切。

一般都認為，**「如果舉行兩次入學考試的話，有一半的錄取者都會被替換掉」**，在這樣熾烈的戰鬥中，為了最後能贏得考取的資格，想培養起不僅在心情上不輸人，並讓運氣也站到身邊來的強大「實戰能力」。

這邊所說的實戰能力是什麼呢？就是讓自己在正式考試中，也能像練習時一樣發揮實力，將至今為止學習到的種種在當下使出能力。只憑字面的意思說不定不會覺得有什麼困難，但是**要在正式場合中發揮如平常的實力，是非常需要精神力的**。

常常會聽到田徑選手說，「今天因為能放鬆的跑，所以跑出了好紀錄」，但大部分的人在正式比賽時都會感到緊張。「給我盡全力跑」，像這樣的想法太過強烈以至於多餘部分也跟著出力，或是由於太過緊張而導致肌肉萎縮等等。

相反地，適度的放鬆全身肌肉就能取得良好平衡，姿勢也不會跑掉，而能夠發揮出最佳表現。但是，就連一流運動員想在正式比賽中達到這種理想的放鬆狀態也是非常困難的。

以應考來說也是，被考試會場數千名考生的數量所壓倒，或是在考試時覺得周圍考生看起來好像頭腦很好的樣子，當然還有背負著不能輸的那份緊張感，要在正式考試中發揮出如平常的實力並不是那麼容易的事。「那麼厲害的人居然也會落榜!?」這種考生也是每年都有。

然而，無論是實戰能力還是做出關鍵一擊的能力，都是有辦法鍛鍊的。

從剛才開始板野就一直以，在正式考試時使出「平常的實力」來做表達，但是請先有個概念，即便能在正式考試中施展出原本的能力，也毫無疑問是發揮不出平常以上的力量。在平時練習中不會的問題，在正式考試時彷彿有神降臨到身上，不知為何只在正式時順利答對了，之類的事情是絕對不會發生的。

以這個意義來說，**在日常學習時比起用學習知識的心態，更希望能以訓練技能的態度來進行。**所謂的訓練，原本就是要讓心跳頻率提高到正式比賽以上，使出渾身解數、認真地挑戰。

然後在正式賽場中就只要以平常心來挑戰就好。**養成實戰能力的根本，即是比起實戰更加嚴格地進行日常學習的這種態度。**

不過要是每回都像這樣讓眼睛布滿血絲般緊張地來學習，果然還是有點勉強，但在關鍵的考古題練習、定為目標的模擬考時，或是偶爾在演練中勉強將時間限制設嚴格一點，試著讓自己帶有緊張感等等，請像這樣不急不徐地讓自己學習的各個部分，**有著正式考試以上的感受吧！**

第 2 章

養成實戰能力！

學習的鬼之細則5

接下來是在學習法的鬼之原則中沒有辦法詳盡寫及，
更為具體一些的學習細則，但在進入主題之前，
有一個需要注意的部分。
那就是，不管怎樣
三個鬼之原則是最重要的部分。
只有持續實行著鬼之原則的人，
才能順利地搭配上這個學習的鬼之細則，
讓它成為更有效的東西，
一次又一次地預先提醒你。

鬼之細則 1

好參考書的選擇及使用法

太難、太厚的參考書只有百害而無一利

「好的參考書」，是怎樣的東西呢？

這個問題關係到時期和學力，然後還有投緣與否等等因素要考慮，是個沒辦法「一語道破」的問題。但是，至少可以藉著消去一些不好的要素，縮小範圍來挑選好的參考書或問題集。

這次要教給各位4個縮小範圍的要點，請參考看看吧！

為了挑選好書 其之1

太厚與太薄的都NG

這是非常重要的基準。首先過於厚重的，與其說是參考書或問題集，不如說是字典。到了現在應該已經沒有用字典來背英文單字的人了吧？（板野還是考生的時代，是真的有撕破字典吞下去就能把單字背起來的迷信啦……）

被視為必須的參考書、問題集，若是不能符合自己的學力水準或應考大學的傾向，那就派不上用場了。

應考學習的新手常常有幹勁過了頭，而**想買類似ALL IN ONE那種很厚的參考書，但是往往都是失敗收場**。

即使是幹勁十足地開始也好，由於太厚的參考書塞了過多超出必要的內容，比起『繼續』，反而是『挫折』先來拜訪。

就算以現實的觀點來看，用很厚的參考書、問題集在學習的人，要嘛是非常熱衷於特定科目的人（將來想要成為研究者的程度），要嘛就不過是把那本書拿來當字典用而已。雖然也有例外，但那本書仍有極高風險，會落到單純買來放著就滿足了的下場，相當有可能變成沒用的書吧！

因為沒辦法活用這本書而嘗到挫折的滋味，精神上也會累積許多壓力，所以不要接近太厚的參考書才是最佳選擇，但若是已經買了的情況下，即使做不完也別去在意是很重要的。

常言道「失敗為成功之母」。許多人買了太厚的參考書並嘗到失敗，但不要這樣就結束，**把它當作是為了活用失敗經驗的便宜投資，不要太放在心上**。而比起這個，為了盡早找到適合自己的參考書，請再去一次書店吧！在日本，私立大學光報名費就要三萬日圓以上。比起多應考一間學校來考慮的話，書錢簡直就跟免費沒兩樣。**目標是考上第一志願的大學。此時就請不要小氣，預先投資在書本上吧！**

而另一種失敗模式，就是過薄的書。以這種過薄的書來說，乍看之下「似乎做起來會比較容易嘛」、「這種的話好像就能夠全部作完……」會這麼想也說不定，但太薄的書其實是老手取向的。

理由是因為解說也很薄。

看起來很容易，而試著動手之後，一旦到了要對答案並想來進行訂正時，只接收到與其說是解說，不如說更像是提示一類的說明而已。

以應考的新手來說，雖然不能說是絕對，但應該沒辦法僅憑這種三言兩語的解說，就把正確的解法途徑給串聯起來吧！比較好的一點是，薄的書並不是什麼壞東西。但是，有沒有好好地附上最低限度的解說，不確認一下是不行的。

只不過，就如方才所寫的一樣，成了應考的老手後，這類很薄的問題集可以拿來克服自己不擅長的領域，或是用於確認等等，也有這方面的優點。不同領域的問題集就是一例。按照不同時期和實力來試用看看也不壞，在此補充這一點。

為了挑選好書 其之2

不可輕視第一印象

那麼，與自己實力相應的參考書，要怎麼找才好呢？在書店試著把書快速地翻翻看，對那本書所感覺到的第一印象，這其實是很重要的判斷基準。

所謂的人啊，對喜歡的東西就會想去做，不喜歡的就提不起興趣。因此，對各位來說要讓學習持續下去，選自己喜歡的書其實是很重要的一點。

那麼，「喜歡」是指什麼哩？喜歡所說的，像是封面的顏色或設計，頁面的配置，或像是自己喜歡的老師所寫的書等等，某種意義上來說什麼都可以。「不知道為什麼總覺得這個封面好帥啊！」，或是「稍為試著讀了一下，似乎很好懂啊」。**像這樣的直覺是非常重要的**。

參考書、問題集是接下來幾乎每天都會用到的東西。當然是選擇只要帶著就感到心情愉快的東西比較好。只是讓自己接收到了好印象，光是這樣就會有想要著手去做的心情。

請重視自己主觀的直覺，來試著挑選參考書吧！

為了挑選好書 其之3

把使用書籍的功能明確化

這是相當重要的一點，可謂之挑選參考書或問題集的王道。

不將書的功用分清楚就買了參考書、問題集的人，只會淪落到將用不著的書徒然整齊地擺放在書架上的下場而已。

請向拼命工作賺錢供你花用的雙親感到抱歉吧！

雖然剛剛才說第一印象是很重要的，但確實，無論印象有多好，能激發出多少幹勁，實際上用不到的話就沒有意義了。當自己在買問題集或參考書的時候，**重點就在於弄清楚買那本書的目的**。

「我要用這本書來學會○○！」，像這樣確實地限定好目的來挑選。

舉例來說，不需要同時有兩本英文單字集對吧？英文文法的參考書也是，同一時間內不需要有兩本。但是，同樣是英文文法，若是分成為了理解所使用的書，以及為了在理解之後用於練習訓練的書，這樣一來即使有兩本也是沒問題的。

只要目的不同，就不會變得沒有用處。自己是以什麼樣的理由而需要這本書的呢？搞清楚之後再購入的話，對這個目的的念頭也會變得確實，所以能恰如所想般地培養實力。

正確並且客觀地把握自己的實力，只買必要的書。反過來說，不做無意義的戰力強化。能做到這點是相當重要的，可以說這麼做本身就是為了提升實力的其中一個要素。

只不過，雖然已經說過但「失敗為成功之母」。害怕著不曉得會失敗幾次是不行的。預先花錢在參考書或問題集上，以應考大學來說不過是便宜的投資。

試著買了之後，到頭來還是覺得不適合自己的書，請下定決心，拿出將其捨棄的勇氣吧！

由於太過害怕失敗而想著要一擊中的，或者明明是不能用的參考書，因為覺得很浪費錢所以繼續用著，像這樣就會變成「浪費時間」，對應考來說是最要不得的。當明白了不適合的話，就應該要乾脆地換掉。

確實雖然錢也很重要，但應考的目的是「上榜」，為此，比起金錢更加有限的時間才是真的重要。吝惜那數千圓，把時間分配去做無法培養實力的參考書和問題集，不僅徒勞無功，還是非常誇張的本末倒置。

失敗考生最大的一點，就是對「金錢與時間」有著錯誤的認知。

搞錯了並不是什麼可恥的事。搞錯了卻不更正才是真的可恥。在買參考書或問題集一事上有了失敗的經驗，然後戰勝這次的失敗。這也能認為是應考學力的一環，希望能夠好好地修行的地方。

為了挑選好書 其之4

用用看自己可以信賴的朋友（甚至是學長）所用的書

這部分是踏在前面三點的基礎上，真要說就是順帶一提的一段話。

各位都有一兩個信任的朋友（甚至是學長）吧！試著用用看和那個朋友一樣的書，或者是一起去買。

要說這有什麼效果的話，首先因為是一起開始的，**所以很難接受只有自己在中途放棄，有這種心理層面上的好處**。

並且若是出現自己理解所不及的部分，還有能夠互相指導的同伴，這也是相當重大的優點。

互相比較理解度或得分，或是向彼此報告進展到什麼地步等等，能像這樣切磋琢磨，所以持續性也會提高。

只不過，與朋友實力相差太多，或是過度在意對方，以致於萌生出良性競爭心態的情緒時，都會引起反效果。盡可能地選擇實力或目標大學接近的朋友，或者乾脆挑選較難激起嫉妒心的友人吧！

Column 04

來實際挑選看看英文單字集吧！

那麼，就來試舉些具體的好參考書挑選範例吧！這邊以英文單字集來作例子。首先，因為說了從可以信任的朋友所用的書來挑，於是這裡試著挑出大家常用的英文單字集。

①『英文單字目標1900』（以下稱『目標』）

②『系統英文單字』（以下稱『系統單』）

③『速讀英文單字（必修篇）』（以下稱『速單』）

④『單字王2202』（以下稱『單字王』）

以上四本英文單字集，假裝自己現在正猶豫著不知挑哪本才好吧！英文單字集是有特徵的，所以先搞清楚之後再開始挑選參考書。

『目標』和『系統單』是把好幾個單字像清單一樣並列的**「正統型」**。

而『速單』則是藉由長篇讓考生來掌握英文單字的**「文中背誦型」**。至於『單字王』，乍看之下會覺得應該與『目標』和『系統單』歸入同一類別，但它其實是應考大學用的英文單字集中，收錄單字最多的一部，所以把它歸類於**「分量型」**吧。

分成以上三種類型來研究。

「正統型」是學校中也經常會發給學生們的類型，無論是誰都可以活用。若是感到猶豫的時候，只要選了正統派就不會失敗。

要說這兩本的不同點，**『目標』**是有著信賴以及實際成績的最最正統派。而**『系統單』**則是把單字放在句子中，用例句來記住的方式，所下的苦心可說是相當優秀。

只不過，正統型書如其名，嘗試著用了之後可能會覺得既單調又無聊，所以要如何愉快的持續下去把單字背完，是需要下點工夫的。

「文中背誦型」的**『速單』**，因為是背誦長篇中的單字，有文脈會留在腦中的優點，並讓閱讀成為背誦單字的契機。這是過去的單字集所沒有的思考方式，由於累積了閱讀有主題文章的訓練，不但不會感到厭煩還能記住文脈，可說是一石二鳥。

只不過這同時也會成為缺點，以想要直接把一個個單字背起來的觀點來看，長篇反而會變成妨礙。對那些無論如何都想趕快背完一本英文單字集的人來說，利用長篇來背誦單字的方法在速度上是難點。

所以，若是覺得已經受不了用文章來背誦時，就馬上跳過長篇專注在單字列表的部分，用和「正統派」相同的方式來記住吧！『速單』是製作成能被這樣運用的。

最後是**「分量型」**的**『單字王』**，這是我個人想推薦的書。理由很單純。各位，語彙能力是什麼呢？簡單來說，不就是「知道很多詞彙」嗎？背誦單字的理由就是為了要提高語彙能力，所以數量就能成為力量。這本「分量型」其實是最有可能成為各位助力的。

噢，雖然這樣有可能會「那麼，大家都挑分量型吧！」的奔向『單字王』的懷抱也說不定，但這樣是稍欠思考的。要把兩千幾百個英文單字全部都記起來，是相當不容易的。背誦的負荷，是遠遠超過應考新手想像的。

奔向這本書卻只能這樣半吊子地來運用的話，只會有百害而無一利。

說得極端一點，不管哪本單字集都是很棒的書，實際上無論選哪本都可以，但若連一本都沒能徹底作完那就沒有意義了。所以才要選擇適合自己的書，並且挖空心思、盡自己最大的努力來想辦法活用它。

不過，『單字王』也相當能理解在背誦上感到挫折的考生們，所以同時也販售著將書中所有的單字作成了卡片，名為**「閃卡」**的單字集。比較麻煩的點在於，由於分成兩本所以價格也偏高，但是省下了自己做成卡片的優點，以及為了順利通過大學入學考的投資來看還是相當便宜的。**請把不吝惜於這方面的投資當成是成功的秘訣吧！**

其實，正統派的兩本英文單字集也同樣有在販賣卡片式的書，所以若是好像在背誦上感到了挫折時，在劈腿其它的單字集之前，買同系列的卡片式也是一種方法。

最後若要說還有什麼重要的，那就是，**即便一本單字集語彙量再多，還是不可能涵蓋所有入學考中的單字**。所以，培養出就算在正式考試中出現了不記得的單字，也能以前後的文脈來類推，在不知道意思的情況下繼續閱讀，然後解開問題的柔軟力量，才是本質上最重要的。

事實上，純粹以單字量來說，**就算是東大，２０００字程度的英文單字集就已經非常充分了。**

與其把力量傾注在繼續增加數量，還不如把會有不知道的單字當作前提，在提升長篇閱讀的正確度上下工夫，或是養成應對問題的能力，抑或假想成正式考試，培養能在時間內解完的速度上，各式各樣不作不行的學習還有很多很多。

只不過，**２０００個英文單字程度的知識，是想考上明星學校的最低標準，這點是嚴峻的事實。**是絕對無法迴避的。請不要忘了這一點。

以上是以英文單字集作例子的參考書選擇範例。也許會覺得好像很難，但完全沒有這回事。這次只不過是，也有這種判斷方法喔，的具體例子而已。

挑選的根本，就是肯運用想像力，來想想自己將會怎麼來使用這本書的這種態度而已。

今後買參考書的時候，請試著稍微想想看吧！

「為什麼自己需要這本書呢？」

「要怎麼來運用呢？」

「用這本書能克服不擅長的〇〇嗎？」

像這樣一點一點地詢問自己，並在書店中與參考書對話，就能找出適合自己的一本。

至少，希望不會發生難得買了書卻成為書架的肥料這種事。

只不過，若在買了之後多方嘗試的結果，**還是覺得跟自己合不來的時候，請鼓起勇氣重買一本新的吧！**

正所謂「君子豹變」，「過則勿憚改」。

鬼之細則 2

卡片式移動學習法

只有用過的人才知道卡片的魔力

✔英文偏差值提升30 卡片式的威力

那麼，因為在專欄2中寫到了關於兩個背誦的要點，所以這邊就來介紹，以板野個人來說最為推崇的背誦學習法，「卡片式移動學習法」。

雖然稍後也會提到，板野用這個方法記住了合計約一萬個左右的英文單字和片語，**讓不擅長的英文偏差值提升了30以上。**

這個「卡片式移動學習法」，對討厭並且不擅長背誦的板野來說，是在考生時代幫了我最多的學習法。當理解到它的美好之處時幾乎要說出「是上天庇祐啊，不勝感激不勝感激」來感謝天神，託此之福，當時還是考生的板野，書房內幾乎可以說是到處散落著卡片。

那麼進入正題。各位在書店等地方說不定也有看過這種卡片式的學習教材，卡片有三點非常有效果。

首先，**製作卡片的行為本身，就是在卡片上歸納要點的工作，所以能得到與自己製作輔助筆記相同的效果。**

說到輔助筆記，很容易會有國中理化、社會之類的印象，雖然沒有必要作到那麼詳細，但還是要透過這個動作把歸納的能力確實培養起來。

不過，在專欄4也有寫到，關於英文單字、片語，因為市面上已經有卡片式的書，直接買來用絕對是比較有效率的做法。

第二個，「卡片式移動學習法」就如其名，能夠輕易地帶著走即是卡片的優點。

其中一個學習的小技巧，就是有效活用零碎時間。

例如在便利商店等結帳的時候稍微看一下卡片，在等電車的時候也稍為看一下，或是和朋友聊天的時候，把卡片遞給對方讓他來問問題等等，像這樣不斷累積，一年之後回頭來看，會累積出相當可觀的量。

再來是最重要的**第三個。這是最大的重點。卡片式所帶來的洗牌效果。**

無論是重複練習參考書，還是複習考古題都不太能達到這樣的效果。我想只有活用了卡片的人才會明白，許多人在一次次重覆練習單字集或問題集的時候，應該都是從第一頁開始按照書頁順序來進行，但這個做法，無意識中會用順序或位置來把答案記起來。「那本參考書的那邊好像有出現這樣的內容啊─」，就會變成這樣的狀況。雖然這也是一種形式的背誦和理解，所以算不上是什麼問題，但若要問是能使用的知識嗎？果然還是有點不安。

而這個卡片式的真正優點，就在於可以對腦進行多方面的探討。用自己答錯的問題，或是背誦上感到很痛苦的項目等，隨機地向自己出題來做練習，將可以產生出與參考書或問題集的複習全然不同的刺激。

經由這種洗牌效果來將背誦、理解銘刻進大腦中，就有可能將知識進行多方面的組合，**作為可運用的知識來進行輸出。**

像這樣通過卡片帶來的多方面探討，各位的應用能力以及得分能力將會連結在一起。如果要說為什麼，因為在入學考試中導致分數差距的問題，**比起單純一對一的知識，更多是藉著組合基礎項目而製造出來的。**

各位今後在正式考試中能不能拿出最棒的表現，正在於那「組合能力」，以及結合起學習經驗的「柔軟性」上。在這一點來說「卡片式移動學習法」有著相當的優點。

製作卡片的建議～要如何做與如何卡片化

卡片式學習是如何地有效，就理論上，已經能夠接受了吧？

在這邊要傳授各位最有效的卡片學習做法。

首先，雖說用卡片來學習，還是不建議把什麼都卡片化。在製作卡片上耗費了太多的時間，會導致最後只有卡片的枚數增加，但什麼也沒記住這樣最糟的狀況。

板野所推薦的戰略，是藉由設定某些規定，試著讓卡片式學習法作為整體學習的一部分，順利地添加進去。而規定就是，**做成卡片的內容，是限定在各位感覺到困難的問題，非常重要的背誦事項，或者是搞錯了的問題上。**

而發現問題的時機點，就請選在實踐鬼之原則1自我講授的時候。若是進行自我講授，對於講授的內容，自己的知識與理解還處在保有一定餘溫的狀況時，仍有「想把這個做成卡片重複看幾次啊」這樣的想法，就做成卡片吧！

在這邊請再把鬼之原則2的內容回憶起來。說了復習要進行三次呢。那個時候應該如以下所示在問題的段落上作了記號才對。

【具體範例】

◎…簡單，會了。不需要複習第二次。

○…幾乎都懂了。在第一次複習就精通它。第二次只需要確認就好。

△…雖然答錯，但在第一次複習時應該已經理解了。在第二次要特別進行確認。

×…答錯了，有點懷疑是不是真的理解了。在第二次複習時一定要精通。

此時，**即使作了第三次的複習之後還是覺得不安的問題，才是需要卡片化的。**做法因人而異，在第二次複習時就把感到不安的問題做成卡片也沒問題，但重點在於**「不要讓卡片的數量增加的太誇張」**。就是這個啊！請聚焦於這樣的問題

✓卡片書寫方法的範例

正面	背面
她下定決心要通過考試。	She is determined to pass the exam.
1. 見（給ふれ）ば 2. 見（給へ）れば	1. 因為敝人看見了（謙讓語） 2. 由於讓您瞧見了（尊敬語）

POINT! ▶ **正面是問題、背面是解法與答案**

POINT! ▶ **正面用黑筆、背面用紅筆**

上，然後來製作卡片吧！

接下來，要買怎樣的卡片才好呢？板野推薦的是和名片差不多大小，被稱為情報卡片的東西。根據各家品牌不同，稍微大一點也沒有關係。有一種叫「生活情報卡片」的，100張大概只要300日圓就能買到。

卡片的正面寫上問題，背面則寫上解法和答案吧！只是這時候，相對於正面用黑筆來寫的問題，等同於答案的背面，就請用藍色或紅色的筆來寫上吧。這些卡片雖然總有一天會被丟資源回收箱裡，但這麼一來，之後再拿出來的時候，一瞬間就能搞清楚哪面是正反面。此外，無論是在製作卡片的時候也好，還是翻看著答案的時候也好，重要的部分如果用紅筆來寫，**重點就比較容易進**

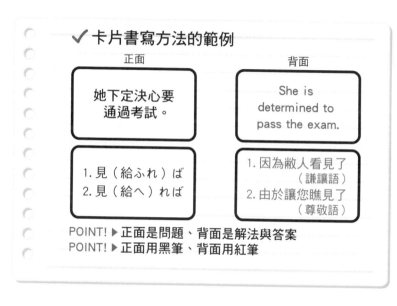

入腦袋裡，也有這樣的好處。

然後請在房間裡擺上用來放卡片的小瓦楞紙盒吧！請依科目不同，各自準備一個，並另外再準備一個較大的「完全記住的盒子」。

看著卡片正面的問題，先靠自己思考一次，之後再來確認背面的解法。然後請從覺得已經理解、沒問題了的部分開始，依序一個個丟入瓦楞紙盒中。而**關於不會的卡片，就在上面打洞穿環帶著出門，把正反面重看個好幾次來理解，而要是學會了就把它丟到瓦楞紙盒裡。**

重複這個動作。

這麼一來，瓦楞紙盒中的卡片就會慢慢堆積起來呢。累積起來的卡片，例如有了三十枚左右時，就隨意地抓一把出來洗牌，然後請跟剛才所說的一樣，正面↓反面來確認，然後進行消化吧！完全記住的卡片，只要快速確認過背面的解法就ＯＫ了。然後若是到達了那個程度，就丟入「完全記住的盒子」作為結束。

✓這就是卡片式移動學習法！

1　選擇要做成卡片的東西

第三次複習後還是感到不安的問題

POINT! ▶ 不要讓卡片數量過度增加

2　正面寫上問題(用黑筆)
反面寫上解法和答案(用紅筆)

3　依學科準備各自的瓦楞紙盒

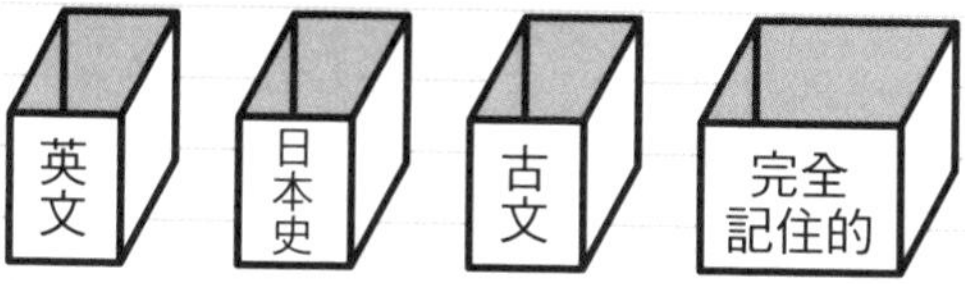

4

記住的東西就丟入瓦楞紙箱

記不住的 就穿環之後
帶在身上邊走邊記

5

累積了30張左右的話，
就適當的抓起一大把
洗牌之後，
重新再確認一次

6

完美地記住了就丟進
完全記住的盒子中

POINT! ▶ 使用零碎時間，一次又一次地重複進行吧！

雖然板野並不是很擅長背誦的人，但若是抓到了絕竅，背誦就會以兩倍四倍的平方速率來增加。**特別是對背誦感到棘手的人，更是推薦這個學習法。**卡片化之後帶在身上來看，然後丟進瓦楞紙盒，放置了適當的時間後再大把地抓出來，然後又把卡片帶在身上來看。完全記住之後就結束。丟進「完全記住的盒子」作為完結。利用零碎時間不斷地重複吧！

板野的卡片式移動學習法實踐例 ～背一萬個英文單字

在很久之前，板野還是考生的時候，用卡片式移動學習法進行了一萬個英文單字的背誦。

以現在的應考常識來看，說不定會被覺得真是個呆子呢。因為即使是應考高門檻大學，一般認為作為基準的必要單字量也不過在四千字左右，所以會覺得真的是很誇張的數字。

雖然有點開始話當年的感覺，但還是讓我稍稍說一下當時的事，因為想讓各位知道，將卡片式學習法做到極致後能帶來的是，突破自己超越常識的力量。

當時還是考生的板野家裡相當貧窮，升學是不可能選擇私立大學的，只好以單獨一所國立京都大學來決勝負。

將卡片式移動學習法加進自己學習中的時間，具體來說是在成為重考生不久的那段期間。因為在還是在校生時恰如其分地在學習上努力過了，也覺得除了不擅長的英文之外，即使不那麼努力學習明年也應該沒問題的念頭。

但是，和其他科目相比，那時的板野對英文一科怎麼也不擅長，即使在申論題模擬考或是在特定大學模擬考中，偏差值也經常只有50上下。「要是不想想辦法的話……」，總之在決定了重考之後，最初開始著手進行的就是英文。

然後，**將目光放在六月K補習班舉行的申論題模擬考，決心要在當天，把英文的成績提升到自己可以接受的程度。**此時所想到的是，不管怎樣說英文也是語言的一種，只要讀得懂就會了解吧！這種單純的想法。因為已經相當清楚英文文法和文章構造了（假如，這邊還有所疑慮的話，當時的板野應該會把這些也卡片化吧！），徹底地將焦點集中在單字片語的背誦上。

當時板野所用過的英日字典，在單字和片語旁邊畫有星星符號，三顆星星的話是高中入學程度，兩顆星星就是高中生～大學入學考標準等級，然後一顆星則是高門檻大學的入學考試水準，而除此之外的就沒有特別作上記號，以這樣的狀態構成。

板野為了在此把英文提升到最強等級，挑戰了從一顆星到三顆星等級，總共一萬個單字的背誦。就如剛才說明的一般，**把單字卡片化後，不管是移動的時間、洗澡，還是在腳踏車上等等，翻著一張張的卡片進行著背誦。**

完全記住了就砰地丟進桌子旁準備好的「完全記住的盒子」中。當看見裡面的卡片慢慢累積起來，既替自己添增了自信，也讓人想要繼續努力下去。偶爾也從盒子中抓一大把卡片出來，為了小心起見而重複了好幾次。當時雖然還被朋友嘲笑，覺得板野的做法太過亂來，但是當六月到來，在K補習班的申論題模擬考中送上來的英文長篇讓板野大吃了一驚。

全都讀得懂！

要說也是當然的吧！因為是一萬個單字的詞彙量啊。只要讀得懂那接下來就跟現代文沒兩樣，於是就以國語的要領來解答。**結果，英文的偏差值超過了80**。那時候所感到的喜悅絕對不是其他時候可以比擬的。在應考京大時，把那時的成績單當成了護身符帶在身上，而且直到現在也還保存著。

板野這種學習作法之所以產生出好結果，確實也有其他的成功因素，像是很擅長國語，或是已經對英文文法和文章構成相當有概念等等，但若不是卡片式移動學習法，我想恐怕沒有辦法把那近乎荒唐的英文單字、片語量給成功背誦起來吧！

附帶一提，現在的考生自己來把英文單字或片語製成卡片是在浪費時間，所以請不要那麼做。因為只要去書店，就有已經是卡片的書籍了，請買那個來用吧！雖然價格差不多是普通單字集的兩倍，但是以性價比來看，買卡片化的書來用是更能把單字記下來的。

厲害的考生可不能在這種地方吝惜金錢。再說一次（既然不是非常閒的人），**絕對要買卡片式的英文單字集來用！**

另外，板野當時應考的英文與現在相比，傾向已經有所改變，所以比起讓單字或片語的背誦量增加到這種程度，不如在中途就開始謀求從量到質的轉變，應該要這樣來學習吧！

英文的話，把長篇的朗誦作為學習的中心，在查過了有關文中出現的單字與文法後準確地精通它，最終則要掌握各段落的要旨，以文章全體的樣貌來進行理解。應該要是這樣的學習法才對。

背誦量很多的地理、公民，或是生物、化學等科目，適合用於卡片式的部分應該也很多，**但由於卡片式有著在製作上要花費時間，以及無論如何也沒辦法帶有寬廣視野的短處，所以在有關脈絡和全體樣貌的學習方面並不適合**，能舉出這樣的缺點。

不過這章再怎麼說，也只是以傳達「卡片式移動學習法」的好處作為主要著眼點，板野曾經做過的背誦一萬個單字，請視為過去的遺物拿來參考就好囉。

總之，注重於將鬼之原則的三點做精確地運用，並一邊靈活地加入這個卡片式學習法是很重要的。

✔卡片式學習法的眾多長處

卡片式學習法最大的長處，就在於門檻很低。

比如說，請想像要翻開厚厚的考古題來複習時的心情。又講到讓各位覺得心情沉重的考古題話題了呢。

實際上要埋首於考古題也還蠻需要勇氣的。拿好講義、坐到桌子前，決定好時間開始埋頭苦幹。這真是很辛苦的事。

但是，例如把考古題的一題寫在卡片上，正反兩面就有著問題跟解答的話又如何呢？不就能相當輕鬆地看那枚卡片了嗎？

恐怕卡片遠比參考書更讓人會有「現在就馬上來做吧！」的心情呢。也能帶在身上，不用想太多就能拿來看。**即使邊躺在床上邊看也是OK的。**

而且複習參考書時，想重看自己搞錯的部分或以前就有些在意的地方，不知道又要跨過幾本書。

與之相對，若是寫到卡片上，因為卡片化的東西全都是自己不擅長的問題，重複上也很方便，更加上還有洗牌的效果……。

不管是易於著手還是良好的效率，或是因為可攜式的特性，作為學習具有高度靈活性等等，卡片有許多不用過不會知道的好處。

只不過，有一個現實的問題，要是把書籍類型的複習全部弄成卡片，卡片的量就會變得太多，光是持續卡片式學習法就會讓人精疲力盡。在基本的書籍型學習中，作為學習緩急的一環加入卡片才是絕竅。

成功實踐卡片式移動學習法的學生例子

好的，雖然說了板野自己做過一萬個英文單字的背誦，這種極端的「卡片式移動學習法」例子，但我教的學生中也有像這樣實踐了卡片式學習法的人，令人不禁要想，如果這麼做了成績當然會有所提升而相當欽佩的實踐例，當然想來介紹給大家。

這個實踐的例子，是把考古題作成卡片式，總之盡可能增加接觸的次數，並將有關考古題的理解與經驗值，提升到比其他考生高出好幾倍的地步。

板野所實踐過的卡片式學習法，是能貫徹背誦的活用法，而這個考古題的卡片則可以說是它的應用版。

雖然已經在鬼之原則3敘述過了，考生最終不得不將其視為最重要學習的，就是鑽研考古題。

徹底的面對考古題，不讓自己在正式考試中遇到問題也有辦法去對應的話是不行的。

考古題是已經出過一次的題目，不會再出現第二次，會這麼想的考生並不在少數，但這是錯的。並不是每年都會換出題者。此外，大學所尋求的學生傾向一般也不是那麼容易改變的。因此，該大學或出題者會顯露出他的癖好，而依大學不同，也會有各自喜歡的領域也是當然。

不過，果然還是不會有完完全全一樣的問題，但若是研究該所大學的考古題，就能了解到相似的思考方式和著眼點，或者是知識和重點等等。**考古題正是最好的問題集，即使這麼說也一點都不為過。**

因而各位考生要盡量提早開始練習考古題的時期，像這樣增加重複的次數並且提高完成度來掌握勝利的鑰匙。

這次介紹的學生，是使用了「生活情報卡片」中大概賀年卡大小的卡片。然後把練習考古題時出錯的數學、理科、英文作文、英文翻譯等問題作成了卡片的樣子。

首先，正面抄寫上問題。藉由抄寫，問題會在腦袋中留下強烈的印象。然後背面就寫上解法與答案。**這個時候就不是只有單純地抄寫了，而要一邊理解一邊抄寫。**

然後做完的卡片，就和板野一樣翻了相當多次的樣子。

不是像英文單字那樣單純的東西，而是有著明確的提問，所以無法輕易地來翻看的樣子，不過，在一片卡片上花費好幾分鐘細看，看卡片也會變成相當辛苦的一件事，那位學生似乎也意識到了這點，所以採取了用著某種的良好節奏來進行，或是稍為看一下，搞不懂就馬上翻到背面看的方法。

此時再重新回想一下，板野在鬼之原則2中有向各位說「快速地學會」的重要性了呢。這個學生的卡片式學習法，其實是組合了各種讓自己快速學會的技巧，而讓人覺得相當敬佩。

這次介紹的學生聰明之處就在於，**做成卡片的是限定在考古題，而且還是做錯、覺得重要的問題。**

本人也這麼說了，要是什麼都做成卡片的話就持續不下去了吧！

像他那樣，把用卡片來學習的東西，設定個主題的話就比較容易持續下去。而要怎樣的主題來卡片化，我覺得是因人而異，所以若能讓各位採用，並下各自的苦心來靈活利用卡片的話，將沒有比這更令人開心的。

鬼之細則 3

記錄學習進度吧

作成反日曆的形式

在細則3這邊想向各位提案的是，為了確實地讓學習持續進行，來進行「**記錄**」這項工作。

日常生活中並非僅限學習，有著不同層面的各式各樣的事務。例如學校的文化祭或運動會、定期考試的範圍和暑假的作業等等，該作的事情太多，腦袋中已經混成一團，陷入搞不清楚要從什麼事情開始作才好的狀態，有過這種經驗對吧！

會像這樣陷入混亂狀態，有兩個決定性的原因。

第一個是沒有掌握到事情的整體樣貌。想要跨越這個局面，卻看不清自己該做的事情的整體樣貌。

第二個，則是不清楚該用什麼順序來做那些該做的事。雖然知道有不做不行的事，但不知道該從什麼開始又該以怎樣的順序開始處理才好，沒辦法順利地讓狀況好轉起來。

一旦像這樣陷入混亂狀態，只會白費力氣而沒辦法順利地進行學習，如果這個狀態持續了好幾天或好幾週，難得的士氣就會變得低落。

在這邊，板野想要提倡的是，製作學習紀錄這點。

要是製作了學習的紀錄，就能看得見該做的事情之全體樣貌，以及自己做出的成果。

像這樣通過記錄讓其「可視化」，變得有辦法具體地去想像達成目標後的自己。此外，也有著能客觀地把握住自己現在處於什麼位置的優點。

而記錄的做法上來說，我覺得雖然有各種各樣的方法，但在這邊就來介紹**「反日曆方式」**這種做法。

首先，將一天該做的學習項目列出清單並寫在A4的紙上。然後每當處理完一項學習的項目，就用雙橫線將它劃掉。至於沒能完成的項目就寫上「留待次日」之類的話。

把這張紙貼在桌子的前方，而要把今天的紙用透明膠帶貼在前一天的紙上。沒錯，就是**做成與日曆相反的形式**。這麼一來經過了十天，就會有十張紙重疊著。

紙重疊了幾張就會重貼幾段透明膠帶，所以看起來會有點不太美觀，但是**不管怎麼說，可以用眼睛看見學習的成果，所以能讓「幹勁持續」**。

✔反日曆

一天的目標

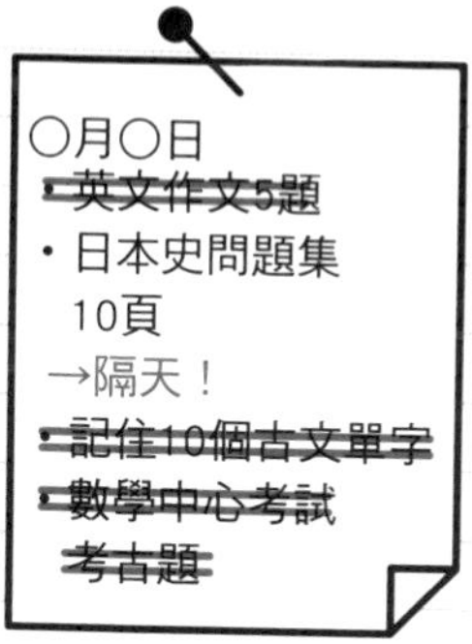

每天寫在A4紙上

用透明膠帶固定

POINT! ▶ 不要塞太多進去

長期目標

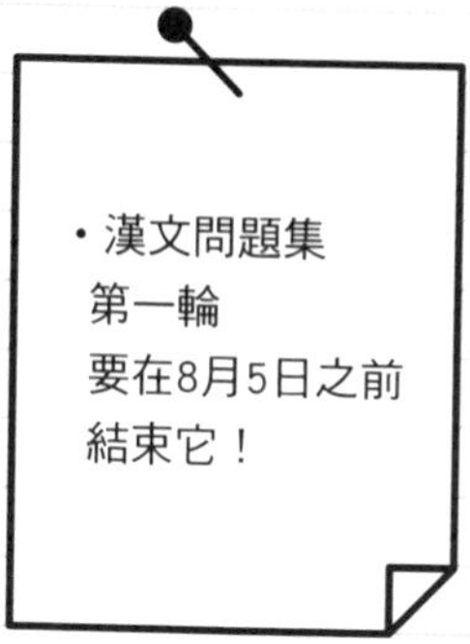

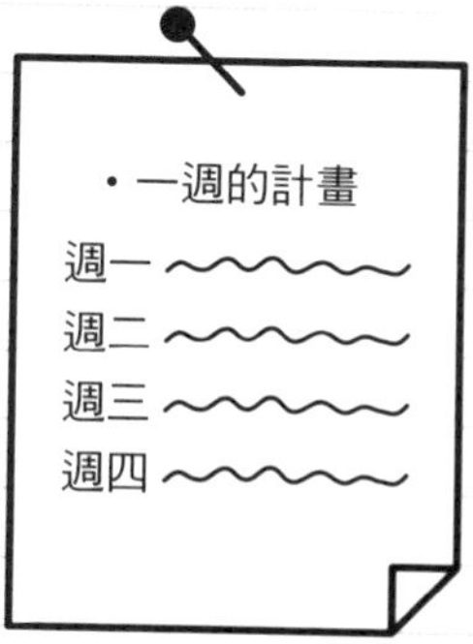

POINT! ▶ 不要設定太過遙遠！到三個月左右為止。

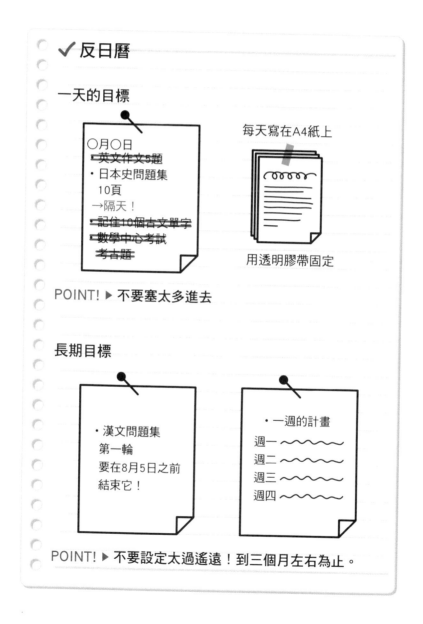

偶爾像翻日曆那樣啪搭啪搭翻過的話，就能用眼睛看見好幾天來的努力，所以也會變得開心。

此外，有關稍為長期的計畫，用別的紙寫上「〇〇參考書要在〇月〇日之前結束它」、「一週的計畫」之類的東西，並同樣的貼上去。這會在期限到來之前，一直貼在眼睛看得到的地方，所以能給自己添加適度的壓力。

為了不要迷失學習的全體樣貌，製造長期計畫的清單也是很重要的，但若是建立起過於遠大的計畫就會失敗，所以寫下三個月後的目標和計畫，這樣就相當充分了。

像這樣記錄所達到的「可視化」，和其他的鬼之原則及鬼之細則緊密結合後的相乘效果，能為各位提高學習的品質。

因為一眼就能明白，各科目的學習分別在何時、做了多少，在建立下次的計畫時可以謀求讓學習更加有效率。

總之，先將現在自己最需要的內容，以及覺得盡快培養起來比較好的東西開始，列入清單裡面吧！

重點是不要塞入太多東西。

在期望強韌的意志力之前，將小事情、能做到的事情逐漸堆積起來，藉由構築利於學習的環境，變得可能引發出自己好的表現。請務必要實踐看看。

將小事情累積起來，最後產生出巨大的成果，為了自己親身體驗並了解，**製作學習的紀錄是非常重要的。**

另外，覺得寫在Ａ４的紙上貼著，有點太過誇張而感到害羞，或者是比起自己的房間，更多時間是把補習班或重考班等地方作為學習場所的人，**就寫在能帶著走的「記事本」上也沒關係。**

只不過，在使用記事本的情況下，請務必使用「學習專用的記事本」。與行程或其它東西混在一起的話，這個做法的效果將會減半。

鬼之細則 4

申論題的學習方法

入學試題是來自大學的情書

在常聽見的提問中有著像這樣的問題：「雖然可以自己算選擇題的得分，但是由於申論題會有只拿到部分分數的情況，這樣根本無從確認自己能拿幾分所以很令人煩惱啊。請幫我看看答案吧！」

雖然我能體會，對各位考生而言確實會有這種感受，**但這其實是個本末倒置的問題。**

為什麼呢？請試想，因為不確定得分而請人幫忙批改，這句話背後的真正含意是，不清楚自己的解答究竟是對還是錯。像這樣滿足於寫出模稜兩可的答案，完全不是能夠應付正式考試的實力。

在入學考試中提交給大學的答案，不覺得應該是自己充滿信心、渾身解數的一擊嗎？正是到達了這種水準才有可能合格，想以那種半吊子、軟趴趴的實力通過複試，一流大學可沒有這麼簡單。

這麼一想，針對申論題的正確學習方法，就不該僅僅只是反覆地，寫個就連自己也摸不著頭緒正確與否的答案後，再接受別人批改，而應該要以「怎樣？你要是能扣分就扣看看啊！」這樣充滿魄力地去解題，盡全力構思答案才對。

那麼，用什麼方法學習才能如前述一般，在作答申論題時寫出充滿信心的論述呢？訣竅就是，拿自己絞盡腦汁想出的答案跟擬答範例放在一起比較，並將目光放在解說中所提到的得分重點，找出擬答範例有論及而自己著墨不足之處。

申論題解法的著眼點有下列三項：

1　題目問了什麼，讓自己對此，有明確判斷出不這麼回答不行的眼光。

2　自己所沒有論及的部分，對這個問題的解答來說真的是必要的嗎？首先得要好好的思考過。不需要把擬答範例１００％照單全收。

3　在前述兩點基礎上，熟讀解說的內容，確實弄懂自己不足的部分之所以不可欠缺的原因。

按照上述流程，申論題的作答能力便會一步步培養起來。

在這邊提一下板野個人的經驗，是以前接受某個知名線上補習班批改指導期間發生的事。

曾有一次，在僅僅一題現代文上就琢磨了整整兩天（時間限制三十分鐘程度的問題）。自信滿滿地交出答案後，卻得到了遠低於預想（個人覺得可以拿到滿分）的分數。震驚的板野，開始努力地熟讀解答與其解說，拼了命想瞭解自己究竟錯在哪裡。

正因為是耗費兩天所寫成的自信滿滿的答案，「到底是什麼不行？為什麼只有這麼低的分數？這一定哪裡有問題！」才讓板野彷彿這麼說著似的，緊咬住解說和解答不放。

後來想想，藉由在解題時的死命思考，讓思考能力被好好地鍛鍊過了（雖然那時候寫出的答案，因為想得太多反而無法採用就是）。而又在訂正錯誤時，用盡自己擁有的知識去思索、嘗試著理解，因此腦中的某些東西確實地發達起來，逐漸形成了真正的實力。說得誇張一點，比起究竟是不是正解，**與問題整整奮鬥了兩天的經驗才是至關重要的！**

稍微想過就提交的答案，我想，即使接受了再怎麼用心、專業的批改，也不會受到相同程度的衝擊，激起讓人拼死複習的決心。而複試的申論題對策，首先最重要的，就在於解題時一頭撞向問題核心的態度。有了這種態度之後，無論是憑自己能力回答也好，或是接受批改指導也好，才能真正對自己有所幫助，這點請務必要銘記在心。

此外，複試時，也請努力地弄清楚該所大學對考生企求些什麼。用板野式容易理解的說法，**所謂的入學試題就是大學給考生的情書。相對的，希望考生能以富含了最大愛意的答案作為回應。**

所以，在作答複試申論題時，不能僅止於沉浸在自我滿足之中。理解出題者問題背後的含意，忖度自己該如何回答，請以這樣的流程扎實地作答。在日本，特別像是舊帝大等級的複試，大學方面對考生究竟有些什麼期待，必定就藏在問題的背後。

平常在學習及鑽研考古題上留心前述要點的同時，也別忘了在正式考試中，以提筆回信的心情，向大學老師的情書作出自己的回覆吧！

鬼之細則 5

最終愛會獲勝

要如何激勵自己？

至此已經談論過三個鬼之原則以及四個鬼之細則。而這最後的鬼之細則，想來談談精神面。

可以看成和運動一樣是比賽的大學入學考，**最後決定勝負的將是心理的強度。**進行應考學習時，偶爾會沒來由地突然被不安席捲，不想坐到桌子面前對吧！也有陷入低潮的時候對吧！這種時候要怎麼激勵自己，或者是，這種時候要如何讓自己安下心來，想來談談這一類的話題。

板野非常喜歡在作品中強調運動鬥志的那種「奮鬥吧！拼到燃燒殆盡為止！」對事態度，所以接下來要給各位一些建議，只要在這裡稍微下點工夫，無論是誰都能對應考燃起鬥志。

建議之 1

尋找應考夥伴吧
～把個人的戰鬥變成二、三人一起的戰鬥

開頭的建議是「尋找應考的夥伴吧！」。

所謂的學習既是獨自進行，正式考試中能依靠的當然也只有自己。要是說到應考，就會有種又孤獨又辛苦的印象，然而人啊，若是平時心中就有著能夠依靠的東西，此時是最容易想起那些然後咬牙繼續努力的。

像是拳擊手為了家人而努力奮鬥，一定要在比賽中勝出，像這樣心中有著支柱的話，對於想達到目標是非常有幫助。

所以各位也**請務必找到能彼此切磋琢磨，並且互相尊敬的同伴**。有了這樣的朋友，即使在狀態不好等等狀況下，「那傢伙也正在努力著，我也要加油啊！」冒出這樣的想法，或在難受的時候透過交流來激勵彼此，**在各式各樣的意義上來說能成為穩定學習的支撐。**

那些升學率很高的學校學生強悍之處，除了腦袋很好之外，周圍都是與自己一樣瞄準了

一流大學的同伴，因而促成了學校整體良好的學習氛圍。此外，也有著學長姊們留下的傳統與升學實績，因此在那些學校中會有著，本來就該把目光放在一流大學，而竭盡所能的學習也是當然的這種氣氛。可說是非常富裕的學習環境。

即使是有情緒低落的日子，只要去了學校，在朋友的圍繞下就會逐漸放晴，那些低迷的情緒就像騙人一樣地消失，又會湧上強烈的意願，想來進行學習。

假如，不是在這種升學率高的學校上學的考生，那麼雖然會稍為花點錢，但請去補習班吧！在那邊有著雖然與你所屬的高中不同，但目標放在相同大學的人，或是即使目標不同，可是有著遠大的志向，學習的態度也值得尊敬的人，這樣的人應該會有很多吧！如此優秀的應考同伴，可以成為一生的朋友，所以請務必試著找找看吧！

建議之2

對志願學校的愛會決定最後的勝負
～絕對不想放棄的心情

板野有句常在上課中說的話。

假如真的有時光機，當數十年後的自己回來見現在的你時，究竟，他會不會誇獎你呢？

「因為有年輕時的努力，所以才有現在的自己，謝謝！」能聽到他這麼說嗎？

努力地成為讓未來的自己搭上時光機而來時，會說出感謝的「現在」吧！

也有人會問，進大學究竟有沒有價值呢？特別是要進入一流大學，不付出相當的努力可不行，何況入學考試競爭也很激烈。有拼到那種地步也要進去的價值嗎？我想會有像這樣抱持著疑問的人。另外，也有覺得日本的將來並不可靠，而且也不知道學歷能派上用場到什麼地步的想法。

但如果是這樣，難道除了進大學之外還有什麼其他真的很想做的事情嗎？在想過了之後，幾乎所有高中生都還沒找到「絕對要在這條路上走下去」的事，是如今的狀況吧！

既然如此，暫且就先試著專心致志於應考大學，試著**挑戰自己的極限**如何呢？在非現在不可的意義上，像決定要靠打棒球吃飯的高中生把目標放在甲子園，或是想要成為足球選手的高中生把目標放在國立競技場那樣，把目標放在「應考的甲子園」和「應考的國立競技場」，在學習上成為最強看看，也可以有這樣的想法吧！

中心考試的考生約五十萬人。若是瞄準了頂點，也是相當大的夢想吧！然後若實際進了東大、京大，或者是早慶上智等等的國立、私立一流學校後，就能感受到不愧為一流大學，聚集了從全國而來的大量優秀人才。一邊與那些人切磋琢磨度過的大學時光，此時獲得的東西，可說將會成為人生的重大轉機。

瞄準了這樣的機會，學習的強者們從全國各地聚集過來，就是所謂一流大學的入學考試。板野考上京大的時候，聽到大學教授這麼說：**「如果舉行兩次入學考試的話，有一半的錄取者都會被替換掉」**，有這樣的狀況。考生的程度就是如此地接近，幾乎可以說「入學考就看時機跟運氣了」。

即便如此，最終依然會分出上榜與落榜的人，要說是什麼決定了勝負呢？又是在哪裡分出了差距呢？說真的，我想與心情是相當有關的。

在考上與否的邊界，最後一分兩分的部分聚集了非常龐大的人數。為了要能超越最後的一兩分進入「上榜者」那一側，這次，將本書所介紹的各種極大的努力，不斷持續深入水面下的冰山部分的差距，也就是對那份努力的支持在心態上不同，不可思議地將會分出勝負。

只要是考生，沒有人能總是順利地提升成績的。因為各式各樣的理由，無法專注於學習上，或是對著沒什麼起色的成績而過著苦惱的日子等等。

但是，直到最後都不放棄努力，更正確的來說，正因為至今為止的人生中，最努力著的正是現在，若在此時想要放棄，當未來又碰上無法跨越的牆壁時，不就一定又會選擇逃避了嗎？才不要變成那樣，我想就是這樣的心情，無意識中在某處起了作用。**然後再次努力。無論到什麼地步都不會放棄。**

像這樣即使一邊在苦惱與不安中掙扎著，也持續學習著的人，漸漸會產生出強烈的信念，也會孕育出對志願學校那如愛一般的情感。而那既是讓考生向著學習而去的動機，也會大大地培養出，領導前往第一志願大學上榜，那水面下的冰山部分。

感到這份熱情彷彿要動搖的時候，請泡在溫暖的澡盆中，稍微平靜下來思考看看。自己是想要成為怎樣的人才一直努力到了這裡的呢？想要成為未來的自己也會出言感謝的現在不是嗎？想必到了第二天，會再次認真地面向書桌才是。

在本章的最後，把板野的座右銘送給各位。

永不放棄的人是無法被打敗的

——貝比・魯斯

學習的鬼之原則、鬼之細則總結

為了確實執行原則、細則的最終課程

全國各位考生，竟然真的讀到這裡了呢。非常感謝！之後終於就只剩實行而已了。除此之外再無其他。

這邊最後就再一次，重新確認一下今後的流程。

如果只是讀了而不去實行，就好像在空中畫了個大餅，沒有任何意義。

因此，在全都讀完的現在，今後就請改成這樣來持續學習吧！以這樣感覺來進行總結吧！

首先，至少在學習中好好地遵守三個鬼之原則吧！這三個原則可說是本書的核心部分，就算只遵守這三個鬼之原則，要考上志願學校也不是夢。

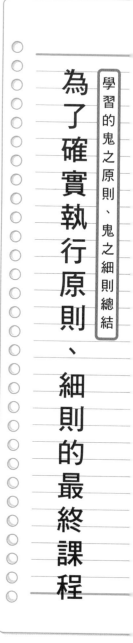

請火速地將自我講授加入明天的學習中吧！

不過，突然就要把當天所有的學習內容都用自我講授來重現，我想到底還是太困難了些，所以請挑選出好像能用來鍛鍊思考能力的內容來試著做做看，或是來重複看看那些需要背起來的內容吧！

當然，請好好地計時。不要磨磨蹭蹭地去做!!

然後，**一週內再重複一次自我講授吧！**此時也不要忘記計時。如果可以，也試著製作**「學習的紀錄」**吧！雖然原本是細則3的內容，但是會有所幫助的喔！

當學習已經穩定下來，但還沒習慣實踐的現在這個階段，不把全部的學習內容都記錄下來也沒關係。但是無論如何，至少把當天自我講授的內容記錄起來吧！如此一來，要是突然在某個偶然的機會下，稍微看了看一個月之前的紀錄，不但能成為參考，而且能用眼睛就確認自己學習上的成長。複習過的次數也用正字來記錄吧！請以鬼之原則2的**「超快速反覆」**，更加快速並更加正確地持續進行自我講授吧！

接下來必須要進行的，是在讀了這本書之後，作為點起應考學習的狼煙，**到書店去購入能成為武器的教材。**

請選擇解說得讓人比較容易搞懂的書吧！因為是學習的新手，不用說當然有許多不知道的事。回想一下專欄2提到的「兩個背誦」，將應該要努力背下來，以及應該要理解後再來背誦的內容，接著一個個地塞入腦中，讓知識量不斷增加吧！

當知道的事物逐漸增加的同時，搞懂的部分也會慢慢變多。漸漸地會覺得過去對學習到底在煩惱些什麼呢？好像傻瓜一樣。

用愉快的笑容來面對學習，然後感覺自己好像變聰明，又綻放出了笑容，這是很關鍵的喔！但若只是感覺讓腦袋變好了，這種「不過是自以為學習著」的態度是不夠的。在應考學習中為了獲得成果，最重要的是什麼呢？沒有錯。就是得分這件事呢。沒有忘記**為了得分的學習，與為了理解的學習是不同的吧？請再看一次鬼之原則3吧。**

輸入說到底也就只是理解。那些輸入的內容，在入學考試中會以怎樣的形式來提問，能夠探究出來嗎？不把握住這點並累積解問題的經驗值可是不行的呢。輸出才是得分真正的關鍵。理解輸入重要性的人雖然很多，但其實輸出才是與上榜有著直接連結的關鍵。多多去解題吧！持續著這樣的學習，總之先以這個步調來掌握它吧！

開始學習的三個月後，可以的話，必須讓自己在夏季時蛻變到下一階段。稍微增加一些學習量，或是進行分量更重的練習吧！也開始著手進行考古題吧！學習的紀錄也是，在自己制訂好的額度上，再增加一些負荷吧！像這樣增加負荷之後，就能更加磨鍊自己。

而試著將當天學習的一部分訂定主題也不錯吧！比起過去稍為把時間設定得更長一點，將練習的量和難易度也稍稍向上提升，逐漸增強考試的耐力也是很重要的。像這樣提高難易度並增加學習量，就會出現難以背誦的部分，或是想要勤奮地重看好幾次的考古題。而在這種情況下會大顯身手的，就是細則2的**必殺卡片式移動學習法！**

把卡片化的問題和解法以及背誦項目帶在身上，不斷地翻閱並勤奮地重複觀看。並在抄寫卡片的工作中，趁著寫問題和解答的同時一邊來將它記住，或是藉由重複觀看好幾次把內容銘記在腦袋裡，**是板野最想推薦的，最強學習技巧。**

每天重讀本書並且遵從著鬼之原則、細則，努力於應考學習的各位，在開始之後半年，從春天算起大概是到了9月、10月那段期間，會在不知不覺中進化成應考的老手。

隨著學習順利地將分數往上拉的人，以及不是如此的人，一邊感到悲喜交集的同時，仍默默地以強烈的意志持續著從本書學到的學習法，與新手時期幾乎無法相比地不斷成長。

然後，此時知道了基礎重要性的各位，要如何讓自己的基礎能力在解目標學校的問題時，有效地發揮力量呢？在仔細地觀察解法後來進行複習，就能讓自己的實力變得敏銳。這個動作就如讓刀變得更加銳利、更加美麗的打磨工作一樣。

真正的基礎能力，究竟是怎樣的東西呢？知道這點將有可能成為決定是否可以考上第一志願的關鍵，一個重要的分歧點。**當在成績的提升上受挫的時候，請再重讀一次本書。**

再來是比起什麼都重要，**應考的實戰能力**。非常重要。要成為在關鍵時刻很強悍的考生喔！接下來是最後的細則5，動機的話題。這也是板野給各位考生的聲援訊息。

說到動機，雖然是在各位體內精神面的部分，但是這精神上也會受環境影響而有很大的不同。**維持可以讓自己保有高昂動機的環境吧！**設定較高的難度，持續保有著想考上第一志願大學的「氣魄」，下自己獨特的苦工，將眼睛所看不見的「氣魄」，化為「理解力」、「知識力」這種具體的技能來將其掌握，就能蓄積起貨真價實的實力。**而其結果，就是考上第一志願大學。**

隨著以上的內容，這本書的學習鬼之原則、細則也在這裡告終。

總之就如人家常說的那樣，咬住石頭也要來試試看。因為成績必定會有所提升的。

過去是怎樣都好，請期待今後的自己，並向著第一志願的學校邁進吧！

第 3 章

不要只有氣勢就結束啦！

將應考的關鍵期暑假給控制住！

為了在應考中勝出，
度過暑假的方法會成為很大的關鍵。
為了不要到了秋天時，
「對自己而言夏天是什麼呢…」
像這樣感到後悔，
就用這一章來傳授具體的訣竅吧！

渡過關鍵期　暑假的方法

控制夏天的人就能控制應考

關鍵期 1

這樣就完美了！　建立暑假學習計畫的方法

對考生來說，被稱為應考關鍵期的暑假，是一大事件吧！

浪費夏天的人就沒有勝利！正是如此。

知道夏天為什麼會被如此稱呼嗎？這點特別與在校生關係密切。對每天都在試圖兼顧學校課程與應考學習度日的在校生來說，平日並沒有屬於自己的自由學習時間。對於學校課程和應考的學習是分開的這點，確實會覺得哪可能有這麼荒唐的事，但是現實上來講，兩個學習並不是完全搭配在一起的，在校生能夠真正進行應考學習的時刻，可說就是暑假了。

日本暑假約有四十天。將一天看作能進行十二小時的學習來說，可以確保480小時，是相當大量的學習時間，對在校生來說也是從日常中解放出來，會讓人開心過頭。然後，在快到夏天的那段期間開始，有某個煩惱會開始浮上考生的心頭。

「要怎麼做成績才會提升呢？」

非常的單純，就是這麼做。之所以會煩惱是因為什麼都不知道，而剛開始應考學習之時，明明不管做些什麼都能感到腦袋漸漸地變好，可是到了某個時候，當學習累積了一段時日，分數的提升也已經不再如當初那樣有實際的感受。沒有伴隨著實際感，既會迷惘、也漸漸地讓人不再想動手。

因為了解了暑假的重要性，所以對自己的學習方法再次有了煩惱，就連在暑假之前的那段期間，也會對該如何渡過暑假而感到煩惱。

但是，只是變得不安，是什麼也解決不了的。**為了提升成績所應該做的，實際上就是「學習」而已。**

就和如果下雨了，無論是怎樣的傾盆大雨也好，都只能選擇撐傘一樣，為了提升成績，就算多麼感覺不到成績的提升也好，也只能繼續學習，答案就只有這麼一個。

至少，若是留意著這本書所記載的鬼之原則來進行日常的學習，即使在成績上感覺到有些陰霾，也能保證放晴的日子一定會到來。

但是，暑假有著負面的魔力這點也是事實。

有許多考生，「正因為是夏天啊——」雖然像這樣氣勢洶洶地說著，但卻對要以努力來貫徹夏天的是自己這點上，認知太過於薄弱。

看著與所說的話相反的他們，讓人覺得簡直像是有股夏天結束後，就會有某種不可思議的力量讓自己在不知不覺中成長起來才對的錯覺。

到最後沒有充實地渡過夏天，到了九月十月的時候，「對自己來說夏天到底是什麼呢？」就會落得這樣的結果。努力地不要變成這樣吧！

那麼，在馬上要開始暑假的學習之際，有想拜託各位的事。那就是，希望能事先決定好，在暑假中自己應該達成的主題（目標）。

關鍵期 2

在紙上寫出來吧！

目標（主題）就以兩個階段來建立吧！

抽象的主題，以及為了實現抽象主題，試著這麼做看看的具體主題這兩階段。**請確實地預先在紙上寫出來。**

✔中心考試古文的配分

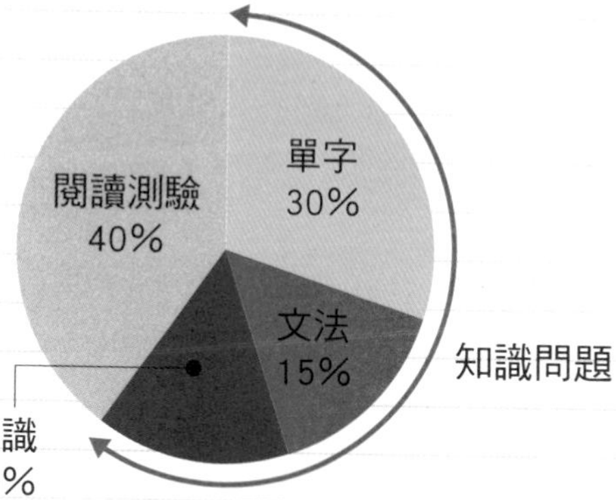

作為具體範例之一，就以也是板野負責科目的日文古文來試著舉例吧！

過去，從板野的學生來了這樣的詢問。

「雖然把古文單字全部背起來了，可是成績還是進步不了。要怎麼辦才好呢」？

對這個問題先給出一個明確地回答。中心考試的古文配分，以各類別來平均的話，會變成上圖那樣。

看了這個應該就會了解，接近全部的60%都是「知識」。

也就是說，**有單字和文法能力，並有著和歌（日本的一種詩歌形式）與古典常識對策的話，即使對本文的閱讀測驗稍嫌不足也能拿到近**

60％的分數。

這點在日本的國公立大學的複試來說，在一流國公立大學以「知識」部分可以得分的百分比率雖然會下降，但就算是東大，還是約有一半可以憑持有的「知識」就拿到分數的（考上東大的得分率約莫在60％左右，所以只要有知識就幾乎可以考上了）。

以此意義來說，古文是越去學習就越能提升得分，並且可說是能成為一個穩定「得分源」的科目。

而將目光轉移到私立大學，「知識」部分的得分率更是進一步地提高，藉由對不同類別的提問想出對策，甚至有可能推敲出80％到近１００％的得分。

說到古文的得分，說穿了就是「如果讀得懂就能拿得到」，有這種不加掩飾的部分。當然，單純就知識與本文的閱讀還不至於拿到滿分，但至少在為了推敲出合格分所必要的學習來說，**踏實地累積知識是最重要的。**

此時由於單字已經完備了，這個暑假的古文主題就制定為「完成古文文法與做完一冊問題集」，再來具體地寫出使用參考書。

關於其他科目也是一樣。試著稍微想想那是怎樣的科目，自己在什麼地方有所精進的話分數就好像會提升呢？總之試著舉出主題。好好地分配知識的充實和練習。之後各位就是

「去做而已！」。

因為在紙上寫出來是很重要的啊。變成用眼睛就能看見的形式，就不會在腦袋中亂成一團。夏天的成果在秋天之後就會出現。請期待著那個時候，在夏天期間，舉出主題努力學習吧！

關鍵期 3

說到暑假的後半那就是校園開放日

要得到大學的情報，網路是必不可少的。

用網路搜尋自己志願大學的HP之後，請一定要看過一次。此時，也順道將其他大學的HP瀏覽看看的話，我想就能明白各大學氛圍的不同。

但是，**實際去一趟大學用自己的眼睛看一看無疑地非常重要。**「百聞不如一見！」，在日本夏天是全國各地大學校園開放日最熱烈的時期。有關志願大學校園開放日的詳細情報，請自己積極主動地去獲取吧！

用網路等方法取得自己志願大學科系情報的同時，也精神抖擻地在夏天的後半即將到來前，確認自己暑假的主題（目標）的達成狀況，並對學習計畫做出修正吧！

所謂的修正計畫是一邊修正內容和日期，一邊配合自己的學習成果，持續不斷地達成。以下舉些具體例子。稍為有點煩人，但重點就是一定要在紙上寫下來。請配合各自不同的目標，讓數字等部分預先明確起來。事實上，依志願大小不同，數字也大致都會改變，所以要正確地調查。

以上作為參考，關於各個項目請盡可能自己來建立起具體的計畫，並在紙上寫出來。

以短期的來說，什麼參考書或問題集，一天做多少，何時之前要做完呢？

此外，在夏天結束的時候，將目標放在提升考上所必須的能力上。以日本為例，**中心考試得分90％以上**的能力為目標。

從9月到正式中心考試的1月（在日本，每年1月19日和20日舉行）為止，提升10％是非常有機會的。而一般認為能提升20％就已經是極限。

【基本情報】

（此為日本概況）

☑志願大學、科系

這就是要鼓足幹勁的第一志願大學！當然國公立與私立大學兩邊都要應考的人，就要預定兩所大學來進行學習。到夏天為止，決定好志願校、科系的人與還沒的人，上榜率會有成倍以上的差距！

第一志願　〇〇大學△科系

☑中心考試錄取得分率（%）

這是一定要自己去查的事。各科目的配分或是有加權分數的情況，這也應該好好調查。之後，具體地寫上各科目的目標分數！不具體的目標就稱不上是目標。

英文　85%　170 分　國語　80%　160 分
數學　70%　140 分　地理　80%　80 分
日本史 85%　85 分　生物　75%　75 分　合計 78%！

☑複試中的必要科目與錄取平均得分率

具體地寫下各個科目的目標得分率。可以的話，推薦在夏天的期間至少試試做一次考古題。

英文…上榜者錄取平均得分率 60%　目標 75%！
國語…上榜者錄取平均得分率 55%　目標 60%！

☑應考私立大學的情況，調查必要科目與錄取平均得分率

W大⇒英、國、日本史　錄取者平均得分率 70%
目標　英　80%　國語 70%　日本史 80%！

再來，具體地寫下每個科目各自的目標得分率。這裡也一樣，如果可以，推薦在夏日期間至少做一次考古題看看。

【學習計畫】

☑短期目標（到八月底為止）

具體地寫下。製作以一個小時為單位的計畫表。

◎暑假中每天學習十二個小時

◎五學科取得均衡的學習！

◎每天英文長篇兩題，數學完成兩題！

☑中期目標（到十月底為止）

這邊也具體地寫下。

◎中心考試的五學科合計取得75%以上！

◎複試對策 ⇒ 稱霸英文長篇閱讀測驗問題集！

◎國語現代文的申論題對策

☑模擬考的目標

這裡也具體地寫下。

◎在K模擬考綜合偏差值60以上！

◎志願校判定中取得B判定以上！！

到了中期，思考著應考科目全體的平衡來提升成績。特別是要報考中心考試分數比重較高的大學時，不要輕忽了中心考試的對策。以現在的時間點來說，請把10～11月的模擬考試當成正式考試來思考學習計畫。

正式訂定複試對策和演練私立大學的考古題，要在10月之後開始著手計畫。

當書店開始排列起紅皮書（考古題集）的時期到來，務必要取得志願大學的那本喔！

這邊就不要吝惜金錢，購入紅皮書（考古題集），並放在桌子的前面，每天看著它振作精神。

控制夏天的人就能控制應考！

Column

05 落榜考生的五大類型

板野已經在重考補習班工作了20年以上，每年都要迎接好幾萬人的考生。在長年的觀察中，注意到了考上第一志願大學的學生與落榜的學生之間，有著很明顯的差別。

然後很傷心的是，落榜學生占了壓倒性多數的現實，有鑑於此，首先想讓大家知道，**絕對不能落入這邊所寫的「落榜類型」裡**。

反過來說，只要不陷入這種「落榜類型」，而能徹底執行「上榜類型」的話，就必定可以考上。

接下來所寫的，是眾多考生所陷入的陷阱，所以請各位千萬不要掉進陷阱裡。

類型①

「我懂了，我會做的，會做給你們看的!!」

…只在當下變得有幹勁的一日興奮型

應考大學是長期抗戰。更何況不僅科目很多，連範圍也相當廣大。和限定好範圍，考前一晚臨時抱佛腳就能應付的期中期末考可不是相同等級。

在國中時期的學習裡，靠著臨時抱佛腳就順利地應付過來的人，很容易就會落入這種類型裡，然而**遺憾的是，這在大學入學考中這是行不通的**。

平日孜孜不倦地學習會形成有如磐石的實力，而到了臨近考試之前，不要為了臨陣磨槍而使用腦力，而是保存體力來提升自己的戰略或是集中力等才是重點。

讀了學習法的書，或是從某個人那裡受到了刺激，「我懂了，我會做的，會做給你們看的！」，像這樣只在當下變得有幹勁一日興奮型的人，是絕對不可能在應考中勝出的。此外，「只要到了考試前夕再開始加油就沒有問題了」，這種思考方式是失敗的根本。**無論是哪個，都請在今天就停止吧！**

不被感情所影響，冷靜沉著地進行高強度學習的意志，和將其持續的精神，才是對學習來說最重要的。

其實板野自己在國中時，也是只要臨時抱佛腳，考試就勉強能夠應付的那種人，但是因為某句話產生契機，才在學習的做法上產生了改變。那就是笛卡兒的**「把困難分割吧」**這句話。

無論怎樣的困難，只要在分割之後一個一個來面對就不會那麼困難了，像這樣的一句話。這就是「若把小東西慢慢地累積起來，將能孕育出巨大的成果」的真理，而名為大學入學考的困難，分割之後來思考，一個個就不是那麼困難了。

反過來說，在應對名為大學入學考的巨大困難時，因為僅於當下興奮起來，努力學習了一天或兩天的程度，不，哪怕是持續了一個月兩個月，也不是那麼輕易就能獲得成果的。

拿起本書的各位，務必從「我懂了，我會做的，會做給你們看的！」這種只在當下變得有幹勁的一日興奮型中脫離出來，充滿幹勁的同時也不被感情所左右，請切換為至少三個月，每天默默地累積著努力的那種學習風格吧！

類型②

「自己每天都花了〇〇小時在學習」

⋯無用努力的自我滿足型

下一個是，「自己每天都花了〇〇小時在學習」，以時間來衡量自己的學習然後感到自我滿足的類型，是對於學習來說「認知錯誤的孩子」。

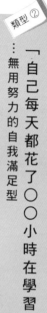

這麼做而成績有所提升那也就算了，但有許多是相對於學習的時間，成績卻沒有提升的人。曾經有過，模擬考等的成績沒有如預想中成長的學生，對我說「我都已經這麼努力了分數卻只有這樣，那個人明明就看不出來有在學習，分數居然比我還好」的情況，但這種是相信了「學習時間＝成績」這種錯誤圖式而來的錯誤認知。

像這樣的人，簡單來說就是進行著「沒效率的」學習方法。這點可說是全體考生的問題，努力的做法、學習的方法太過差勁。

「竭盡全力地努力學習」，各位像這樣幹勁十足發下了豪語，但當有人提問，「雖然說了要竭盡全力，但具體而言要怎麼努力呢？」的時候，究竟有多少考生真的有辦法具體地講出有效率的學習法呢？

單純的努力主義學習法，學校裡的課程自然不用說，甚至花了錢卻還沒讓重考課程或是教科書的重要之處滲入腦袋的核心中的話，**只不過是「假裝學習著」就結束了。**

從書店購入的參考書、問題集可以說也是一樣的。使用者如果不夠水準，難得的武器也就沒有辦法發揮它的真正價值。像這樣的人，即使削減睡眠時間也想要繼續學習，但還是應該要取得適當的（七小時程度）睡眠時間，若只進行會讓清醒時集中力逐漸低落的短暫睡眠，以要獲得成果的學習法觀點來看，是非常嚴重的本末倒置。

不是單純用學習時間來衡量，而是用為了連結到成果，努力的總量來衡量，所以請對自己的觀點做出改變吧！

類型③

「即使現在開始也來得及嗎？」

…永遠都在詢問無意義事情的不安型

這個問題到底每年要讓我聽幾千次啊！

不是來得及來不及，是要讓它來得及。

要是有時間問這種沒用的問題，不如去多背一個單字吧！

隨著應考將近，這類的問題也會跟著增加。

「即使現在才開始也來得及嗎？」

「像我這樣也能在中心考試中拿到高分嗎？」

這不過只是迂迴地說至今都經常在偷懶，而終於隨著應考接近而感到焦急，不過是想抓住救命稻草、推卸責任的藉口。到了秋天之後，「即使現在才開始也來得及嗎？」會問這類問題的學生，**有十之八九都會落榜**。

會考上的學生，老早之前就已經開始學習了，而且假使起步得晚了，也不會問「即使現在才開始也來得及嗎？」這種問題，只是默默地完成制訂好的計畫，試圖盡快追上。

會這麼問的考生，並不是真的想聽來得及或來不及，終歸也不過就是「請老師說，還來得及唷，給我一點鼓勵吧！」，我覺得這才是真心話。

但是，現實一點以應屆考上的觀點來看，例如像東大、京大、國公立大學醫學系那種最高門檻的情況，考上的人大多是從小學生的時期就努力著，國高中時也順遂地走在應考大學的路上。

「即使現在才開始也來得及嗎？」這個問題如果勉強要給個答案，「早就已經來不及了喔」，雖然才是正確的回答，但如果是手拿這本書的考生，假使已經錯過時機，就不是「即使現在才開始也來得及嗎？」而是請宣言**「即刻實行這本書所寫的內容，即使從現在開始也**

必定要趕上讓你們看！」吧！

這本書是仔細撰寫了讓考上第一志願大學成為可能的原則與細則。只需馬上開始實行而已。

類型④

「雖然提問了被說『錯了也別在意』，可是無論如何都還是會在意，所以請教教我吧！」

…完美主義的提問狂類型

在重考班教課，會接收到很多學生的提問，其中有著在意那些非常細微部分的學生。另外，也經常有關於參考書或問題集等等的提問，那種枝微末節的問題，也有學生還特地用信件來提問。

這樣的學生由於是「完美主義」，反而會去在意那些細微部分的類型。

上榜的學生，對那種枝微末節，會依自己的判斷隨意地處理，而不會跑來提問之類的。

或者即使提問了，如果對他說「這個不用那麼在意也可以喔！」，就會「啊，說得也是呢」，然後不會再有第二次相同水準的問題。

在大學入學考中就算沒拿到滿分也能夠考上。與其這麼說，不如說得了滿分考上的人是不存在的。

特別是高門檻的國公立大學的情況，複試的得分率即使再高也大概就70％的程度。東大、京大的複試，就算只有60％的程度也足以考上了。高門檻私立大學也是一樣。而一般被認為是教科書程度的中心考試，若是以高門檻國公立大學作為志願的人，果然還是想要80～90％程度的得分，但即使如此也還是不到滿分，也沒有拿滿分的必要。

從這點來考慮的話，為了要考上，應該捨棄那些誰也解不出來的困難問題，而對上榜來說真正必要的部分，進行效率良好的學習，**只限於「重要的部分」、「基本的部分」、「本質的部分」是最好的。**

完美主義的人，因為沒有大局觀，比起考上所必要的項目，反而有把目光移往那些瑣碎部分的傾向。

對應考學習來說是不需要「完美主義」的。

尤其本書是將「為了考上」所必要的東西集中在一起來談論，所以選擇取捨學習的內容，這也是非常重要的能力。徹底排除對學習而言無用的部分，在有效的學習法中，也只實踐最有效的部分，然後趕上，超越過去。

只不過，**本書絕對不是什麼教導輕鬆學習法的書。**始終都要認真地進行，終究也只能拼盡全力去做。

有這種態度才是正確的學習法且能夠讓自己考上的，請不要忘記了。

類型⑤

「模擬考的結果雖然不好，但這不過只是因為偶然的粗心大意罷了」

：雖然看到客觀的結果卻假裝沒看到的重視自尊型

應考是只以紙上所寫的東西為答案用來作為計分對象，並決定考上與否的。因此，考試之後才「平常明明是考很好的」，或「偶然的粗心大意」都只是馬後炮。

應考「結果就是一切」。

對模擬考等客觀的結果，有著連正視的想法都沒有的人。這種類型是比起學習的質來說更重視量，大量學習的人較常出現的類型。

「我把消遣什麼的全都放棄，每天都學習○○小時了」，「我應該比那個○○同學更加努力才對啊！」。這種心情雖然我很能理解，比起自己得出更好結果的人，或是比自己更常去玩而用更短時間來學習的人，應該要重視結果並且坦率的承認失敗，且好好反省到底是什麼地方不行呢？

「這次結果不好只是偶然」，或「那個人只是比較抓得到要領而已」，即使試著這麼講，也只是喪家犬的遠吠。**而那不過就是反映出自己的自尊心不願承認失敗罷了。**

再說一次。應考時，結果就是一切。

正是為了「考上」才進行學習，請再透徹地思考一遍。只是漫無目的去做的話，即使學習了也稱不上是學習。

即使自己覺得搞懂了，如果沒有辦法取分就跟不了解沒兩樣。**捨棄沒用的自尊，面對結果不說任何藉口，謙虛地反省後放眼下次的機會，進行真正的學習吧。**

第 4 章

精神面補強篇

把天真的心態吹走吧！

幹勁出不來時，
努力了成績也不如預期提升時，
說不定會落榜，被不安所支配時…。
只要是考生，無論是誰至少都會陷入一次低潮。
像這樣的時候，請讀一讀本章吧！
向你保證，
動力會猛然提升的！

為了成功，盡可能多去嘗試失敗吧！

我覺得應考和人生很相似的一點在於，為了成功，兩者「心」都佔據了很重的比例。在相撲道上，一般認為完成「心技體」是很重要的，在應考來說，這三點也是非常重要的。其中「心」的部分更是會大大地左右考試結果的要素。讀了學生寄來的眾多諮詢信件，對學習感到不安或焦躁的信件占了一半以上。無論是誰都不是很想去學習，面對考試也都會不安。但是被不安所驅使時，腦海中既會浮現出負面的詞彙，也會讓自己變得消極，陷入這種有百害而無一利的狀況。

「反正一定會失敗」、「果然還是不行啊」，這種負面的詞彙，會給自己帶來負面的自我暗示，在無意識中去採取不利自己的行為。最後，自己成了容易招致負面結果的原因。

有聽過所謂的「言靈」嗎？從先人們的口中，經常能感覺到言靈的存在。從各位的角度來看，會覺得是不安的自己吐出了不安的話語也說不定，但以言靈的角度來說，也可說是那一個個不安的詞彙反而煽動了各位的不安。

這裡就試著把那些不安用力吞進肚子如何？

HONDA的創辦人，本田宗一郎曾經這麼說過：

「比起害怕挑戰後失敗，什麼都不做才是最令人害怕的」。

我想，恐怕眾多考生都害怕著失敗。但是真正應該害怕的，是不去挑戰這件事。

板野常常會覺得應考跟人生是很相似的。**害怕考試失敗而什麼都不做，選擇了這條安全道路的人，我想恐怕是會在人生中，失去比失敗更加重要事物的人吧！**

福特汽車的創辦人，亨利・福特也曾說：

「一個害怕將來的人，會因害怕失敗而使自己的活動處處受限。但是失敗是唯一讓自己持續成長的機會。誠實的失敗不需感到絲毫的羞恥。在心中害怕著失敗，才是真正的恥辱。工作全都是失敗的連續」。

像這樣經常閱讀偉人們的名言，就會深刻的感受到，他們之所以能成為偉人，正是由於那份堅強的心。

各位或許會覺得，反正自己不是偉人所以不可能的啦，但是堅強的心絕對不是只有偉人才擁有。即使是各位，豁出去的勇氣還是多少有一點吧！是不是能在這裡拼盡全力的傢伙呢？這不才是在真正意義上，屬於你的堅強之心嗎？

勇氣也是，只要逐漸地鍛練起來不就好了嗎？一點一點地。

若能按照原則，認真並誠實地持續學習，不也很不錯嗎？

一點一滴地，變得可以相信堅持下來的自己不也很好嗎？

緩慢緩慢地，提昇著成績，將夢中的志願學校當成目標抓住不是很好嗎？

像這樣一步一步地，也鍛鍊著自己的心智。

我覺得，遭遇失敗並不是失敗，什麼都不做才是真正的失敗。

無論如何，應考的機會就擺在眼前，希望各位不要害怕失敗，去學習、去挑戰。

失敗不過就是為了邁向成功的一個階段罷了。

而話說回來，**關於邁向成功的具體方法，首先有了目標的話就在紙上寫出來，貼在目光容易留意到的地方。**然後每當看見它時，就請在腦海中浮現達成目標時的自己吧！想像自己成功的樣子，以具體的映像在腦袋中一再地想像。

這麼一來，腦就會活性化，也會跟著變得有精神。

「好——今天也要加油！要考上第一志願大學！」

要是滿溢著像這樣的情緒，學習什麼的不過是小菜一碟。然後問題集也好、參考書也好，若是做完了請一定要進行複習並做確認，之後將當天的成果，以無庸置疑的形式記錄下來。

為了成功，盡可能多去嘗試失敗。

「可惡——記不太起來啊，但是這一次一定要全部記住……」

「終於這本參考書也進行到第二十輪了呀！」

「之前不會的問題，這次會啦！唷呼－」

總之，將每天都當成是挑戰的日子來面對，一邊累積眾多實踐經驗，一邊慢慢地進步是很重要的。

這麼做的結果，會讓自己從失敗學習到許多事，原本辦不到的事情也變得能夠做到，隨著小小經驗的重複累積，變得更加有自信，更加靠近真正的成功。

無論什麼時後都不要停下腳步。不要害怕失敗，總是積極正向。

大聯盟以前的打擊王，貝比．魯斯即使被三振也沒有沮喪，反而是面帶笑容。

「以打擊的機率來看，每次出局都代表離全壘打更進一步。該害怕的不是我，而是投手啊。」

就該是如此。

低潮是接近上榜的證據！

除了相當喜歡學習的人以外，學習會給腦帶來壓力。而感受到壓力的腦，為了要恢復，會尋求其他快樂的刺激，或是把應該已經記住的學習內容給忘掉等等。

這在學習來說是腦的負面連鎖。一般認為，忘記是人類為了能過健全日常的一種防衛本能，但是壓力也好忘記的能力也好，對應考學習來說都是大敵。

反過來說，變得會讀書最大的要訣，就是「變得喜歡學習」和「進行快樂的學習」。人類對喜歡和開心的東西就會自發性地去做。憑自己的功夫去努力。

當然會想把必要的事情給記住，並為了不要忘記而重複進行好幾次。這是腦袋的正面連鎖。熱衷於學習，回過神來才發現已經過了好長一段時間，學習的東西也已經掌握了，能變成這樣可說是最棒的正面連鎖。而另一方面，不管怎麼做都沒辦法好好地學習，得不到成果的人，就有可能陷入負面連鎖中。

那要怎麼做才能脫離負面連鎖呢？**首先要教懂腦袋「進行學習的意義」這件事。**

腦分成好幾層，隨著階層的深度，記憶的強度也會不同。例如即使喪失記憶，還是能說話。就算因為變故而失去記憶，也沒有失去語言的記憶，就是因為語言的記憶在比較深層的緣故。

理由是「因為腦深刻地認知到，為了活下去『語言』是必要的」。以相同的道理來說，已經不記得一週前晚餐的菜單了，因為那對腦來說並非什麼重要的情報。

而在這邊各位所應該採取的手段，即是『誆騙大腦』。「不學習就完蛋啦－」、「為了活下去學習是必要的啊－」，像這樣不斷地對腦送出信號。為此，**首先自己要具有強烈地，想認真去學習的意願。**

雖然非常累人，但這是最初也是最大的分界點。接下來就是一而再地確認，這可是很重要的。「集中並反覆」地不斷進行。野獸濱口所說的「打起精神！」是真的。某種意義上，只要撒了「認真的謊」就好，腦會信以為真。之後就看自己能夠偏執到多深多認真。這是有沒有辦法讓謊言成為真實的勝負。

應考學習為什麼對人生來說如此重要，就是因為不知何時又會再次處於這種局面。能不能讓它在這裡成真，將會是人生的岔路。只有一次的人生要怎麼辦，和應考學習能多認真去進行是有所關連的。

此外，雖然無論如何都有陷入低潮的時候，這種情況下，不要只是模模糊糊地在腦中思考，「試著把不安要素在紙上寫出來，並想想具體的應對方法」、「動動身體」、「與朋友稍微聊聊天」等，請嘗試各種脫離法吧。

要訣就是，總之「做些具體的事」。結果大半的低潮，其實都不是真的有什麼重大的原因，當「心」感到疲勞的時候，真的很小一件事情也會成為巨大的負面因素。

此外，也有不知道要如何面對低潮才好，因而討厭起走投無路的自己。

所以才要以具體性來面對，這是重要的關鍵。從剛才開始，本書便好幾次複述在紙上寫出來的行為，即是貫徹了以具體且眼睛看得見的形式來讓自己容易理解理論的行為。

如何讓自己順利地脫離低潮，在應考學習來說也是非常重要的。低潮的時候才正好反而是個機會，請用這種積極的想法來克服它吧！

低潮就是接近上榜的證據。

打起精神跨越過去吧！

不是為了放鬆的睡眠，而是睡眠也是學習的一環！

這次要介紹學生寄來的信件。

「我目前是以某個國立大學醫學院的醫學系為志願，但是最近對睡眠時間感到非常的迷惘，所以請讓我問個問題吧！我現在每天都睡六個小時，而同樣以醫學院醫學系為目標的朋友，把睡眠時間削減到只有四個小時進行著學習。而且還早上四點就起床。

實際上以現在的自己，想要實現目標並不是那麼樂觀，所以我也想跟朋友一樣減少睡眠時間，但是又曾聽過，做為背誦重要部分的海馬體若不取得六個小時睡眠，就沒有辦法好好地發揮功能。還想更加努力，但若要以背誦力的下降作交換，果然還是有點疑慮。這種情況如果是老師，會怎麼應對呢？雖然是很無聊的煩惱，但如果可以請回答我吧！」

就是這樣的一封信，我想有許多和這個同學一樣煩惱著睡眠時間的考生，所以在這裡做出回答：

答案就是，必須取得充分的睡眠！

就如這次提問者所說的那樣，其實人的背誦並不是各位在看著英文單字本或看著一問一答時進行的。

此時進行的是一般所說的「短期記憶」，這種記憶最多也只能存在於這段學習時間中。

那麼，只要把那個時候的記憶延續到正式考試時不就好了嗎？

一般認為，人所記住的事物會在睡眠期間轉變為長期記憶。

若要講得更直白一點，就是在睡眠期間才記住的呢。因此，無法一概而論短暫睡眠就是好的。請先記住這點吧！

已經連睡眠都是為了應考。

而且，應考是以集中力來決勝負。不能睡太多，至少要做到「四當五落（如果只睡四個小時就能考上，但若睡了五個小時就會落榜）」，被這種千篇一律的數字束縛住是錯誤的。

雖然我想每個人都有著適合自己的睡眠時間，但板野平均是睡七個半小時。總之，**取得對自己而言最舒適的睡眠非常重要。**在醒著的時間裡，必須集中精神埋首於學習，而睡眠便是為此存在。另外可以的話，留心於規律的生活也相當重要。

應考學習是長期抗戰。雖然今天學習了15個小時，但隔天只有0小時，這種不均衡的學習是典型的失敗模式。剛開始時不要勉強，先設定較少的學習時間，慢慢地掌握提升難度的步調，定量地進行學習才是成功的秘訣。即使在這種時候，休息仍舊相當重要，如果感到自己的集中力有些下降，那就休息一會，或是做些事情轉換心情。

無論如何，**因為各位考生正在逐漸成為應考的專家，請把「獲得成果」當作最終目標來進行學習吧！**「即使減少睡眠也要努力，卻還是無法取得成果」的時候，要盡快查明原因並構思好對策。

『1.1倍的法則』，數字不會說謊，有關努力累積的話題

板野住的那條街有好幾間牛肉蓋飯（在松屋稱作「牛丼」！）的店。熱愛牛肉蓋飯的板野，每次吃都會深切地感激著，「這麼便宜又好吃可以嗎！」，每天都是感謝的日子。那麼，從「牛肉蓋飯」想到了一件事。

其實板野在數年前稍微胖了一點。體脂肪率從11％↓17％，體重也增加了約8公斤。然後人生中第一次試著挑戰了「減肥」。

一開始是「蒟蒻減肥」↓失敗了。再來是「控制像洋芋片一類的高卡路里食物」↓挫敗了。然後是「不吃零食類的點心」↓變得不知道是為什麼而工作了。最後是「控制酒精」↓變得不知道是為什麼而活著的了（笑）。

就這樣，全部都失敗了。要改變每天的生活習慣不是那麼容易的事。

唉呀，也不是說真的胖了很多，就這樣也沒關係嘛……嗯—，但是對考生說著給我唸書，而自己卻是無法自我管理、意志薄弱的人，那可沒有對人家說三道四的資格啊，這麼想的板野開始考慮起自己獨特的做法。

「要瘦八公斤，以那個時間點的體重來看，進行約15％程度的減肥就可以了才對」

「要怎麼樣才能讓一天的卡路里減少15％呢……？對了！用常常對考生說的『1.1倍的法則』就好啦！」

於是就採用了應考學習時，自己隨意想出的「1.1倍法則」。**所謂「1.1倍的法則」就是，比起前一天增加一成分量的學習**。例如說，如果某天努力地背了10個英文單字，隔天就背11個，再過一天就背12個，慢慢增加學習量的做法。

因為沒有那麼嚴謹，可以進行地更隨意一點也沒關係，所以比起昨天更努力一點吧！還能稍微再撐一下不是嗎？以類似這樣的感覺，懷著讓一切有所進步的想法。

那麼，把它應用在減肥上就是這種狀況。一直以來都是一次吃完一袋的洋芋片，稍微留一點等明天再吃。最喜歡的牛肉蓋飯，雖然非常不捨但是留下一口（這在道德上來說也是非常痛苦的。對著生產米飯給我們的生產者，以及流通、調理等等有關係的人們，在心中雙手合十地道歉了）。

等等之類的做法，簡單地說「只有一口也好，少吃一點」，實踐了這樣的方法。此時，最需要小心的就是不要勉強去做。極端的說，最初是一天減少1％就好。但計算過就會明白，比起前天少1％的做法持續下去，0.99×0.99×0.99…（持續十天，也就是0．99的十次方）會變成≒0.9，十天後，即使一餐的卡路里比以前少了10％也不會覺得勉強且能感到飽足，何況吃的東西本身與以前一樣，所以不會有任何的壓力。

不過，即使只是一點一點地，也**絕對、一定，不管發生什麼事都要持續下去。**

這麼一來，20天後就能達到減少15～20％程度的卡路里，持續這個水準經過兩個月後，就成功的減輕了8公斤。應考學習會對減肥派上用場，是從沒有想過的效果（笑）。

回到先前所說的『1.1倍的法則』吧！

假如在應考學習上，一天增加一成分量的學習，其實是相當不容易的。15天後就會超越4倍，30天後就會到達將近20倍。到了這個程度，現實上來說是不可能的數字，不過，就算只有1％也好，「今天比起昨天，明天比起今天」，重要的是想要進步的那份心情。

1％雖然是眼睛不太能分辨出來的數字，但老實說，以1．01的平方成長來看的話就應該能理解，1個月後會變成1．5倍，2個月後就會超越兩倍，擁有這樣的力量。

孜孜不倦地持續學習的厲害之處與重要性，請一邊實際體會著，然後天天帶著向上的心過日子喔！

講無聊的藉口之前，先試著豁出去努力學習吧！

成為大人在社會上工作時，衡量一個人是否能用，派不派得上用場，有沒有花了錢也要雇用他的價值呢？其中的一個基準就是「學歷」。當然社會跟公司也不是笨蛋，所以不可能單純地只用學歷就下全部的判斷，但是沒有學歷的人會直接吃閉門羹，有一定程度以上的學歷，是活躍於社會中的必要條件。

而具體來看那些學歷，在日本便是以東大、京大為首的七所舊帝國大學，與一橋大、東工大、神戶大。私立大學則是早慶上智，加上理科大和GMARCH（學習院、明治、青學、立教、中央、法政）以及關關同立。這些大學的畢業生們，佔據了日本部分上市公司約半數以上的部長、職員等職務。

當然，就算是上述學校以外的大學生，只要對企業方來說是優秀的人才就應當會被採用才是。而反過來說，即使學歷再高卻沒有對社會的適應性，被判斷為「派不上用場」的人時，是不會被一流企業所聘僱的。

現今的日本，誇大來說就是以應考大學和就職活動來「挑選」孩子們，讓他們作為大人參加這個社會。以此意義來說，成為大人最初的關卡，即是「應考大學」。而此時，只要求『結果』。所謂的努力，是當伴隨著成果時會得到他人評價，只要沒有成果，即使再怎麼說著「我努力過了」，社會仍不會給予相應的評價。

就是「成王敗寇」。

國公立大學的倍率是平均的四倍以上，一流私立大學的倍率則又更高，是一道窄門。一個人上榜，落榜的就有四個人以上。這就是「挑選」的現實。**不是自己選擇大學，而是被大學、被社會所選擇的存在，我希望你們能更加深刻地認識到這一點。**

就是認知太過天真所以才會問「要怎麼來學習才好呢？好不安」，或是「雖然是重考生卻提不起勁」之類的問題。這樣就只是小孩子在那邊假裝自己做不到而已。

成為大人，即是要自己處理自己的事，這是最低限度的條件。最終則是要能夠自律，精確地完成自己的責任與義務，若沒辦法以某些形式對社會做出貢獻，就會丟掉好不容易得來的飯碗。

假如想要站在自己選擇大學、公司或是工作的立場上，就必須要成為對方所想要的人才。而成為這種人的資格，有醫師、公認會計師，或是通過司法考試等等，但是比起上述的大學，這些都更是只有數%的窄門。

現在，各位就站在這種試煉的邊緣。我明白你的不安，也很清楚希望有人伸出援手的心情。何況一點也不想學習，既不知道怎麼做才能讓成績有所提升，也不知道自己想要成為怎樣的人，這些心情我都很清楚。

雖然我全都明白，但還是讓我提醒一句，**如果現在不認真學習，一生中最適合讀書的時期就要過去了。**大學的門，敞開在各位的面前僅有短短的一、兩年。不管怎樣都「只能去做」了。各位已經不是小孩子了，板野如此地相信著。

不找無聊的藉口，也不做適當的玩樂，不絮絮叨叨地抱怨，甚至說是別人害的，這一切全都不做，**請認真地，豁出去學習吧！**

是重考呢？還是保險起見另外選個學校呢？這便是問題所在

從某個考生寄來了這樣的諮詢信件。我想今後會有很多人處於類似狀況，所以請參考看看吧！

「有個無論如何都想問板野老師的問題。如果沒有想去的大學，或是特別想做什麼所以要去這個大學之類的理由，那重考會很艱難吧？我第一志願的大學落榜了，只考上為了保險起見而填的學校。在申請當下，想著如果落榜的話這所大學也不錯才決定應考的，但當看到第一志願學校落榜時卻無法斷然地放棄，也很難下決定。重考到底是怎麼一回事呢？」

大學考試結束後，就會有許多人來商量是否要重考的問題，首先就考生本人來說，確定大學定位是最大的問題。

比如說，要成為醫生只有去醫學院的醫學系不可。同樣地，若是要去與資格或職業相關的學系或大學時，我想是沒有選擇的餘地，只能重考了。

但是，不是特別與職業與資格有關連的情況，進入大學後再開始努力，也不失為一個前進的方向。此外，若是去了自己所決定的大學，就與世俗的評判或偏差值之類的事無關，我祈禱，希望是能讓你覺得「選擇了這所學校真是太好了」的一所大學。

只不過在日本，學歷很有可能會一生都跟著你。剛出社會或是之後的人事調動、出人頭地（以現實問題來說也存在著學閥現象，而學歷差距也與職業、之後的成就以及畢業生收入等有一定程度的關連性）等，在這樣那樣的情況下，從哪所大學畢業會被當成評價的基準，或是不得不說出自己畢業於哪所大學等，經常出現類似狀況。

但是，依板野個人的想法，純粹為了體面而選擇大學，就算被別人讚美，要是自己無法接受，這不又是本末倒置了嗎？而相反地，即使批判日本的學歷社會，也有可能被當成「喪家犬的遠吠」。

只要仍舊是競爭社會，就必然會產生勝者與敗者。失敗並不可恥，不肯承認失敗才是真的可恥，而且應該要明白，如此一來將無法成長。

板野能說的只有：

「不要後悔應考的結果」

「無論選擇哪一條路，都視作自己的責任來承受，當清楚明白自己失敗了，就在應該挽回的下個階段重新努力」

要實現「捲土重來」，是取決於現在的悔恨能夠持續到什麼時候。

「臥薪嘗膽」不是只有口頭說說而已。「如果重考就能考上吧！」，捨棄這種天真的想法，必須要有認真地再努力一年的覺悟。

順帶一提，重考的一整年中認真進行中心考試學習的人，平均能提升多少分呢？有這樣的數字。

各位認為能提升幾％呢？

實際上平均只能增加15%而已。

也就是說，今年65%得分率的人，一整年認真地學習後，好不容易能達到80%的數字。若將複試對策或私立大學對策等也含括起來考慮，應該要學的東西很多，以最終的結果來看，可以說重考後真正獲得成功的人只是少數。

順利考上高門檻大學的人，不過就那麼一小搓。就算這樣我也要挑戰考上第一志願大學！如果不是認真地這麼想的人，無法撐過重考期間，請有所覺悟。只不過，當跨越這道牆時，將能獲得任何事也無法替代的珍貴事物。

板野覺得，就算一次也好，試著賭上人生全心全意地學習，這麼做也不錯吧！

意義是之後才會明白

板野年輕時把借電影來看當成每日的功課。

板野的評分方式是把☆分成五階段。五顆星，也就是最高分的電影中，有部描寫海倫·凱勒和她的老師蘇利文女士，叫做『奇蹟之人』的電影。

面對喪失了聽力和視力，甚至連說話都沒辦法的海倫·凱勒，前來擔任家庭教師的是年僅20歲的蘇利文女士。其中有一幕，海倫·凱勒的雙親追問用過於斯巴達的方式強迫女兒記住詞彙的蘇利文女士時：

「老師的做法，再怎麼看都只是強逼我女兒記住那些沒意義的詞彙而已。請停止那種暴力的方法吧！」。對此，蘇利文老師這麼說了：「不是的，這樣做就可以了。若不先記住什麼都沒辦法開始。意義是之後才會明白的」。「意義是之後才會明白的」，從這句話受到了不小的衝擊。

在此之前板野將「考慮事情的意義」視作優先，持續地學習著。因為我覺得，理解所說的就是這個意思。但是為了「理解」，若沒有「記住」作為前提是不可能的。為了理解事物的本質，若不預先在自己腦中，盡可能地準備好理解所需的材料或詞彙那是不可能辦到的。

然而，當時的板野以「思考」為優先，而疏忽了「記住」。當然，由於記住與思考就猶如車的兩個輪子，如果只是記住就結束了，那不過就是普通的背誦而已。但在此時才發現自己太過看重思考，而輕忽了去記憶這點。

看這部電影是17歲的時候。從此之後板野像發了瘋似的，拼命地努力去記。然後在記住之後，才來進行「思考」。本書專欄2所介紹的**沒有背誦就沒有思考**，就是從這個17歲的經驗誕生出來。現在成了重考班的老師，看著學生們，發覺有很多人都把學習事物的意義給搞錯了。

比方說，若是「想要培養日文古文的閱讀理解能力」，首先不認真的把『文法』、『單字』給記起來是不行的。即使是東大複試等級的數學，也是「把背過的解法組合起來解題」，而不是從無中生有來的。

真正的思考力，不過就是將記住的事物做排列組合。兩個背起來的東西，生出來的排列組合雖然只有1種模式，但從3個當中挑選2個，就有3種模式的排列組合，4個的話就有6種模式，像這樣逐漸增加。更進一步地說，若是本身就有思考能力的人，排列組合的類型能以2的平方概念來增加，所以2×2×2…變成擁有將近無限大的組合。

以這個意義來說，有了某種程度背誦量的話，在此之後的「排列組合能力≒思考力」也是很重要的。所以，即使沒有背完大量的英文單字，也能以前後的文脈來「類推」。雖然不知道為什麼，但總覺得這個好像是正確的啊，能用這種「直覺」來猜對答案。

但是希望不要忘記了，此時的「類推」或「直覺」，是以記住了正確的知識作為前提的。**「意義是之後才會明白」**。這句『奇蹟之人』中，蘇利文老師的台詞，成了讓板野京大合格的巨大原動力。從電影中也能學到很多，深切地感受到了。

理解你現在的處境是「機會」吧！

雖然是有點沉重的話題，日本的自殺率放眼世界來看相當地高，在先進國家中也是名列前茅。每年約有三萬人自殺。而其中一個自殺原因，「經濟上的理由」排在相當前面，這點引起了我的注意。

最近各方面都有著「差距」的問題，其中尤其經濟的差距，是真的會大幅地左右人生的深刻問題。不久之前才有個新聞，因為抱錯嬰兒而讓兩位男性走上了全然不同的人生。

一位被富裕的家庭撫養，甚至在學習時還有家庭教師陪伴，大學升學後在一流企業裡就職。而另一位則在貧窮的家庭中長大，一邊工作一邊從定時制高中畢業，成了卡車司機。沒能進入大學就讀。被抱錯也就算了，偏偏還是在兩個極端的環境下，這讓兩人的人生有了巨大不同。這個事件，法院似乎對醫院下了賠償3800萬圓的判決，但這很明顯是個無法單純用金錢解決的問題。

板野這裡也常有邊送報邊準備考大學的人（真的很辛苦↑加油啊），或是經濟上有困難的人來找我商量。

乍看之下會覺得日本是個富裕的國家，但由於許多不同的理由，在經濟上困苦的人正在逐漸增加。而有過半的預測，認為今後還會遞增更多。

要說政府的經濟政策能否讓國民全體變得富裕呢？似乎怎麼也沒辦法簡單、順利地進行的樣子，此時正值要迎接超高齡化的社會之際，老人年金或醫療費等等的問題，總之問題堆積如山就是日本的現況。

板野也曾因貧困，在中心考試大失敗後要開始重考時，沒有錢去重考班只好在家重考，就連進了大學之後也為了學費和生活費過著一邊打工賺錢的日子，真的很辛苦。一天的生活費約５００圓左右，過著即使只喝水也要省下錢來買書的生活（專門書籍很貴）。

但是，那樣的生活反倒讓我做著關於未來的夢而能努力下去，毫無疑問地給了我毅力。

想要實現夢想的時候，人能發揮超出自己預想的力量。假如有人像過去的板野那樣，辛苦地朝著應考努力，現在所學的東西，將來必定會派上用場。

應考學習乍看之下很枯燥乏味，但請想像在那彼方有著自己的將來和夢想吧！

這麼一來，連學習日文的過去助動詞「き」的活用看起來也會變成有意義的東西。「せ／○／き／し／しか／○」，認真記住這些乍看毫無意義的活用，是邁向夢想的第一步。即使面對既多又厚的英文單字本也一樣，要變得積極去記憶才對。

不被眼前的好惡或是想不想做的心情左右，請凝視著前方，朝向遠大的目標邁進吧。要前進的人，無論是誰都沒有辦法阻擋。

大學入學考將來毫無疑問地會為各位帶來好幾倍的回報。

無法把現在的處境想成是「機會」，是因為你不知道外面的環境，一旦將眼光放向世界，再回到自己所處的環境中來看，應該就會明白自己是如何得天獨厚，以及這到底是不是個機會。

至少，曾經有相同境遇的板野想認真地，對現在覺得自己身處經濟困苦家庭的人說，正是這樣的你，請去大學充實自身的知識和能力，獲得好工作吧！要說貧窮是各位的責任嗎？絕對不是這樣，那麼難道是父母不好嗎？對竭盡心力養育自己的雙親心懷怨恨是最愚蠢的。

但各位若是就這樣處在貧困的狀況下交接給下個世代，也只會讓下個世代，各位的孩子也得不到自由而已。不覺得這種連鎖應該要在哪裡切斷不可嗎？

能抓住這個機會的應該就是這大學應考了。這樣的話不就是非做不可了嗎？至少板野是這麼想的。

痛苦是當然的。因為想要翻轉整個現況，應該是常人兩倍到三倍的辛苦。但即便如此，翻轉是絕對辦得到的。放手去做吧！

這世界就是各種不講理。既然如此，就走入社會，靠自己解決矛盾吧！

在前篇也稍微有提到，板野這裡常有在家庭、經濟狀況上很辛苦的考生來找我商量。

「板野老師你好，我現在一邊打工一邊在家準備重考。打工的理由是由於家中有很迫切的經濟問題。然而還有更加深刻的煩惱，這和家人有關。雙親雖然離婚了，但仍然住在一起。掌管家中事務的母親，總是說些任性的話，如果只是這樣的話倒也還過得去……，但要是有什麼不順心的事，不耐煩的口氣就會劈頭迎面而來。

就算去圖書館念書也會被責備。明明就做不出成果，念書也是白費力氣。甚至還被說，比起這樣還不如多找些打工幫家裡賺錢。在這樣的狀況下，有辦法進得了大學嗎？我好幾次都這麼懷疑著。

但我想，就如同板野老師所說，環境是自己打造的，現在該做的就只有專注於學習而已。我果然還是想盡早從這樣的家中解放出來，想到大學去，成為可以獨當一面的人。因為也有想去的大學，所以絕對要考上！每次看到電子雜誌時，就會自然地感到要努力，所以用這個來激勵自己，還有四個月，絕對要撐過這段期間順利考上！」

除此之外，也收到了很多同樣是家庭狀況很糟糕的人寄來的諮詢信件。

之前也稍微有寫到，板野高中時父親的公司破產，因為那些債務，曾經極端貧困到連白飯都吃不了（連校外教學也去不成）。因為前門擠滿了討債的人，為了早上上學時不被發現，只好趁著清晨從後門悄悄地溜出去。

不用說，一家人都陷入了絕望的深淵裡。也曾有過別上什麼大學了，不是該去工作嗎？或是，這種狀況下怎麼有辦法來學習呢等等，如此自暴自棄的時期。

但是最後還是下了這樣的結論：「儘管現在很艱苦，但若不去大學，果然還是沒辦法開闢將來的可能性」，於是懷抱著必死的覺悟，努力地學習了。在國公立中挑一間，只能報考京大，總算平安地考上之後，也得靠自己打工來支付全部的學費和生活費，但能在喜歡的環境中學習自己喜歡的事物，是什麼都難以取代的。

板野所教過的學生中，有自願去孟加拉教導當地學生的人，從他寄來的郵件中，附加著一張照片，拍下了當地學生在屋頂和牆壁都只是一張鐵皮的極貧困生活中，用燈油光來學習的樣貌。

世界上還有在這種惡劣環境中仍然拼命努力的考生，請把這件事記在心裡吧。無論現在的處境有多麼地絕望，我希望你們依然對未來抱持著希望而活下去。

當秋意加深，看著那些藉由推薦等方式決定好大學的人，會清楚明白應考的矛盾和不合理性。（收到了還蠻著實煩惱著的信件）。

但是，既然這樣就讓我問你吧！**這個世界沒有任何不合理的事，亦或世界不是充滿著矛盾等等，有這種事嗎？**

假如要說自己所處的環境沒有其他人來得好，請試著發揮想像力，和剛才所說的孟加拉學生比較看看吧！

板野是這麼想的。**把不可能變為可能，不放棄地持續挑戰，**這個行為本身是更值得尊敬的。請貫徹自己的信念，進入第一志願的大學和這個世界的矛盾一戰，培養出踏入社會後，有辦法一點一點解決這些矛盾的能力吧！

軟體銀行的孫正義社長，高中一年級時就中途退學，隻身去了美國，僅僅三週內就把當地高中三年份的教科書全部記住時，「即使吃飯也一邊讀著旁邊放的參考書。心中想著，要是能看著碗盤吃飯該有多美味啊」，如此辛苦的讀書。

接下來直到應考的期間，請以這種不顧前後的姿態向前衝刺吧！目標始終都是考上第一志願大學！其他的事情一切不考慮，只望向前方邁進吧！

入學考試有時是命運。某個早稻田大學法學部考生的故事

這次要介紹的學生信件，已經不知道是幾年前的哪個學生寄來的了。總之請先讀讀它的內容吧！

「板野老師晚安。今天我想要寫的是發生在我身上，一件有點有趣的事，如果不嫌棄的話請看一看吧！我的志願是早稻田大學的法學部，有點羞恥的是，目前是重考的第二年。

我出身的高中，是以「會排起隊伍的法律事務所」聞名的北村律師畢業的高中，距離非常近的一所白痴高中。因此對早稻田是從不勝惶恐的等級開始準備的。應屆、重考一年、第二年，換過學習場所，換過教材，就連同伴也換過，與板野老師這本寶貴的書相遇等等，經歷過各種各樣的事，而這樣的我在學習的時候，必定會帶著的是高中入學時勉強買

下的CASIO電子辭典。

電子辭典是從我連一題考古題也不會的時候就一直陪伴著我的。而它，就在今天壞掉了。今天進行的是英文，設定好了和實際考試時相同的時間，勉強地做著整年度解不出來的問題。去掉英文作文和文法，長篇問題解完後，和平常一樣打開辭典的電源開始對答案。

相當順利，全部都答對了，在稍稍感到安心將視線移往眼前辭典的瞬間，畫面出現了雜訊，變得完全不能用了。不過壞掉的時機居然是解題結束後的瞬間，真的嚇到了，辭典的壽命在考古題全部解完時走到了盡頭，這點也讓人有某種不可思議的感覺。

五年，為了早稻田，也為了想要報答鞠躬盡瘁的電子辭典，想要在正式考試中盡力一搏。」

對這封信件，當時的板野這麼回覆了。

「入學考試有時是『命運』這種情況。我想，這個電子辭典也是竭盡全力的一路奮戰過來了，自覺到責任已經結束的時候，壽命也來到了終點。也就是說，我想這是『之後就交給你了』的訊息。就算是為了電子辭典，也請務必要順利考取早稻田。」

好啦，至於要說這個重考兩年的學生最後怎麼了，他漂亮地考上了第一志願的早稻田法學系。怎麼說呢，不是很戲劇性的故事嗎？都想拍成電影了。

命運的女神對他微笑了。我想各位一定也有像他的電子辭典一樣的「戰友」。正是因為曾經一起認真地並肩作戰了，所以才在電子辭典的任務結束，壽命到達盡頭時，以此作為交換，而讓命運的女神對他微笑了。此外，諸位也各自有像他那樣的劇本，每一個都是自己故事中的主角啊！

就是這樣，這次若不以提筆寫下人生故事原稿的心態來努力那可不行。

盡人事聽天命。請努力地讓自己能以這個境界，迎接入學考試當天吧！

強烈的心情能夠持續到何時呢？

因為板野的貧窮故事意外地受大家歡迎，這次作為續篇，從板野大學時代的故事開始說起。

板野是沒有家裡資助的超貧窮學生，所以考上後沒多久就開始打工（入學典禮是穿著牛仔褲跟T恤去的，結束後馬上去做洗盤子的工作）。然後，命運的日子來臨了。因為當時在黃金週中銀行會沒有辦法領錢，想趕在放假前先把錢領出來，於是去了趟銀行。操作ATM的機器看了一下餘額，顯示著「690日圓」。

「餘額690日圓！」，要怎麼用這點錢度過黃金週啊……。不妙！一直以來打工的薪水，都是月底結算後下個月才支付的，總之只能想辦法找點賺日薪的工作不可。現在也還記得當時慌張地找著臨時工。大學第一個的GW是在搬家公司和道路維修，整理演唱會的會場、佈置百貨公司的特賣會場……等，從這種運用身體來賺錢的工作中，切身之痛地感受到了錢的重要性。藉著這一類的身體勞動經歷了不少事，我覺得那些經驗現在也仍活在自己的思考方式中。

現在讀著本書的各位，希望你們成了大學生之後，請務必去打工看看。因為有許多各位的學長姊們都常說，初次切身體會到社會的嚴峻是在打工的時候。

如果試著想想，說不定確實是如此。一直到高中，各位經濟上的各個方面應該都被父母照顧著。此外，父母或學校的老師們，也都會理所當然地將各位視為自家人看待，即是懷著一般人常說，因為是小孩子所以可以被容許，以及屬於小朋友的優勢，這類的基本價值觀才是。

學校的老師要是對學生做出把人當笨蛋或瑕疵品之類的發言，會產生問題吧！但在打工的現場，學生身為受雇的一方、領人薪水的情況下，非得完成自己的責任不可。

剛成為大學生的學長姊們嘗試去打工時，第一個來自社會的洗禮，就將這種錯誤認知打得粉碎。「我幫你工作，所以獲得工錢是理所當然的」，這種延續高中生心態是非常要不得的，這便是打工。

我想到了這個時候，各位一定會知道雙親是如何辛苦地賺錢，又是如何將那些血汗分給了各位。實際上已能聽到許多這樣的聲音。

然後，當知道了那份辛苦之時，我想就會擁有能寬大原諒他人失敗的包容力。變成「自己也曾不小心失敗過呢」之類的狀態。板野的家因為非常貧窮，想要努力考上大學，從這種狀況中脫離出來的心情強烈地存在著。為此，不管多麼艱苦的學習也會忍耐給你看，抱持著這樣的想法，在考生時代努力過了。而成為大學生之後，則是懷著無論如何都要畢業給你們看的想法。如此飢渴的精神。

我想各位也在各自不同的環境中努力著，但是請持續地保有**「無論發生什麼都會繼續努力的」**，這種強烈的心情。

通過應考來鍛鍊自己，然後正式考上志願大學時的那份感激，在人生中可說是最棒的一瞬間。雖然考上大學之後的學習和經驗也很重要，總之請先全心全意地，面對眼前名為大學入學考的試煉吧！

第 5 章

這裡是決定考上與否的關鍵！

跨越中心考試吧！

再沒有像中心考試這種，
被戰略和解法訣竅給
左右的考試了。
中心考試就該要徹底制訂對策。
這就是能在應考中勝利的鐵則。
這一章是為了稱霸中心考試的必勝規則，
就特別只告訴你吧！

跨越中心考試的鬼之規則 1

推薦，輪流學習和廣告學習

讀到這裡的你，若是因為很接近入學考試了所以正努力著那就還好，我猜應該不會去想什麼天真的事吧！要是還抱持膚淺的態度，這個時候可是會被北斗神拳的拳四郎說，**「你已經落榜了」**喔！

不管怎麼說，因為關於高門檻大學，「比起上榜的人數，落榜的一方會多出將近4倍以上」，若只跟別人做著一樣的事，首先幾乎可以確定是出局了。「無法先發制人就只能受制於人」，用這樣的氣概來學習吧！

那麼，讀完了這本書的原則，不斷在學習上認真埋頭苦讀著的人，差不多也已經穩下腳步，把學習看作理所當然了才是。

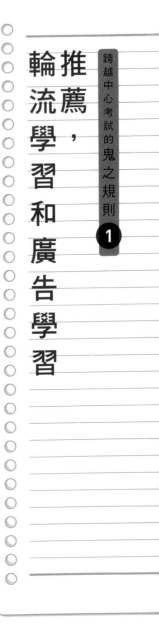

以學習正穩定進行著作為前提，說不定稍嫌早了一點，但此章想要稍微來談談中心考試。雖然不到需要當成原則來看待的程度，也算是板野在學習上下的小工夫。

若是將目標放在國立，中心考試的科目相當地多，我想有正因此而感到頭昏眼花，對各個科目不知如何抉擇而煩惱著的人。

像中心考試這種科目很多的情況，推薦以「輪流」來作為學習的方法。也就是說，每天將各科目像轉圈圈一樣地依序進行學習的做法。

人的集中力，最多也只能保持兩個小時左右。即使是看電影也好，若不是很有趣的內容，集中力連兩個小時也維持不了。現實一點來看，30分鐘就可說是一個段落了。不過，要是把正在做的事換成其他有趣的東西，那集中力就能再度恢復。

所以，不要總是專注在一個科目上，不斷地改變眼前的內容來學習會比較好。舉個例子，介紹一下板野曾經的做法。

若把全部看作10，對板野來說學習的比例大概是，英文3、數學3、國語2、社會1．5、理科0．5，這樣的感覺。0．5的理科是因為除了中心考試以外並不需要，所以課題就是要如何在短時間內進行有效率的學習。此時板野的做法是右腳下放著「生物」，左腳下放著「化學」的參考書（兩本都是圖表式），雖然很失禮，但還是踩著這兩本書坐在椅子上來學習了。

然後，持續念著英文和數學等主要科目，在集中力突然中斷，或為了上廁所而起身時，一邊說著對不起，一邊把把右腳下踏著的生物，稍微拿起來翻一翻，當成其中一個學習項目來進行。

時間上來說最多也就五分鐘。一天之中也沒有什麼機會重複幾次。即使如此，合計起來不也大概各有個20～30分鐘嗎？左腳的化學也同樣地，細碎且頻繁地打開參考書，像是興致盎然地來「讀書」一樣，或者順手帶去廁所，總之就是不斷累積這種短時間的次數。

這種「稍微用一點時間來學習」的做法，因為跟電視廣告很類似，姑且就稱之為廣告學習吧！相似於廣告的感覺，在稍微休息一下或想要放鬆腦袋時，輕鬆地來學習生物或化學。

這帶來了預期之外的好效果。

板野在模擬考和中心考試中，理科的兩個科目都順利地獲得了90%以上的分數。對本人來說並沒有什麼努力學習過的記憶，但**把細小事物大量累積的「積沙成塔作戰」獲得了大成功**。

順帶一提，也有嘴裡說著學習累了所以想轉換心情，跑去看電視或玩遊戲什麼的人，這並不是好的心情轉換方式。一旦把腦袋朝向遊樂或被動的消遣，之後要再轉變回學習的主

✓輪流學習和廣告學習

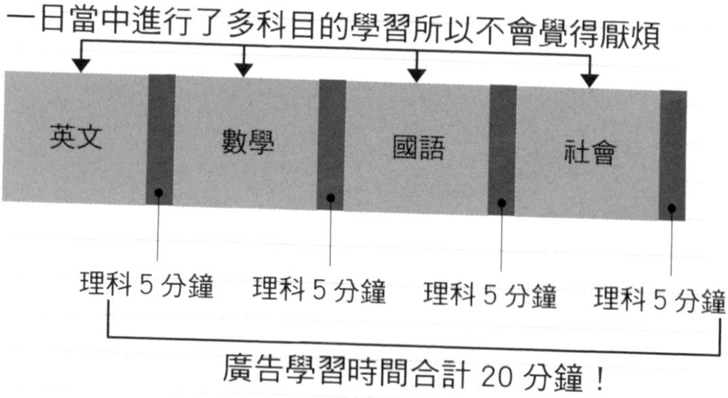

動，腦需要花費一些時間。

學習的轉換心情也僅限於「學習」。一直做同樣的科目只會覺得厭煩。另外，一直進行背誦也是有其極限。以此意義來說，不單純只是增加學習時間，而是即使短時間也要進行效率良好的學習，這才是重點。

輪流學習的優點，就在於不會厭煩和可以使用好幾次集中力。並且由於在科目與科目之間，可以進行現在所說的廣告學習，是能更加提升效率的學習法。請嘗試看看吧！

跨越中心考試的鬼之規則 2

關於中心考試的得分率與上榜率

中心考試的平均分約是55～60％左右。因為標準偏差約在20％，所以計算下來在80％得分率內，約有90％的人（約四十五萬人）。但是，想考上一流國公立大學，必須要有80％以上的得分，所以真正要一決勝負的，是得分率在80％以上，剩下那10％的人們（約五萬人）。

現今的時代，大學逐漸走向兩極化。排名前5％的大學有將近50％的考生報考。以此而言，**取得近80％得分的方法，和超越80％得分的方法，可說是全然地不同。**

舉例來說，假如有平均分60％水準的科目，想讓它提升到80％，大半都可以單純地靠「量的學習」來達到。英文的話就不顧前後地去背單字、文法，長篇問題一天解個兩題，假如像這樣一心去做，藉著「習慣了英文」，就能取得80％的得分。

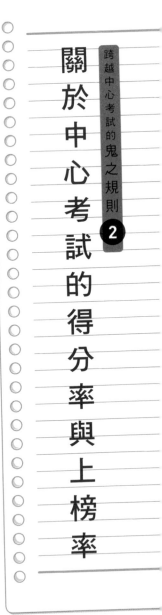

而數學的話，若把ⅠA、ⅡB領域的典型問題各背個200題左右（模式化），也能達到80%吧！但是若要把目標放在90%，就要與「質的學習」緊密結合，或是與「實戰的超常發揮」、「最後關頭的致命一擊」之類的其他要素聯繫在一起等等。

但是，**問題就在於，現實層面來說要讓所有的科目平均取得80%相當困難。**而「量的學習」難點在於到中心考試之前沒有足夠的時間，就結果來說會趕不及。

如此一來為了取得平均80%，就必須要有將擅長科目設定在90%，不擅長的科目則盡可能維持在70%這樣的「戰略」。順帶一提，雖然是廢話，但也有「制訂了複試對策的話，中心考試就有辦法得分。一石二鳥啊！」這種想法的人。現實可不是這麼簡單的東西。

或者該說，這是錯誤的思考方式。**中心考試就是若不好好制訂對策便沒辦法拿分的考試。**

無論是時間的使用方法，還是評估該科能不能拿滿分或者應該視作能有8成左右就好的科目等，再沒有像中心考試這樣會被戰略和解法訣竅所左右的考試了。

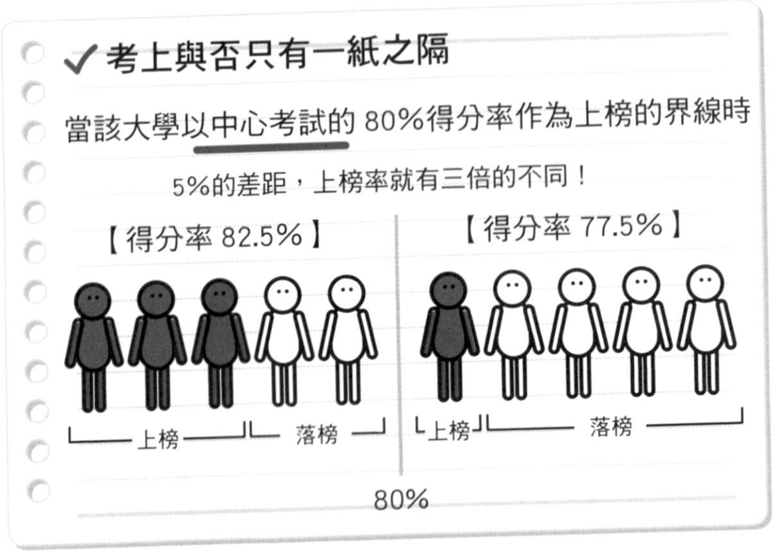
考上與否只有一紙之隔
當該大學以中心考試的 80%得分率作為上榜的界線時
5%的差距，上榜率就有三倍的不同！
【得分率 82.5%】
【得分率 77.5%】
上榜
落榜
上榜
落榜
80%

此外，雖然已經說過很多次以極微的差距，如一紙之隔般區分了考上與否的話題，但這點在實際應考後會來得更加明確。

例如說，當該大學以中心考試的80%得分率作為上榜的邊界時，資料顯示出77．5%得分率中五個人裡只有一人能考上，而與之相對，82．5%得分率的學生五人則有三人以上能上榜。

中心考試的5%差距，合格率會差到40%以上。許多國公立大學還有複試，雖然有可能在那裡逆轉，但**中心考試的得分率與最終上榜率，在所有大學中都有著亮眼的比例關係。**

本來就是這樣，要是中心考試的得分無法觸及自己瞄準的大學，就連站上複試舞台的資格也沒有，請了解這點吧！

以日本的考試科目來說，現代文的話，漢字一個2分，小說的詞句是3分；如果是古文，單字一個5分；若是漢文，漢字的讀音、意義是4分。藉由仔細地完成這些項目，可以在滿分200中得到14分，也就是說，可以得到國語整體7%的得分率。當然，由於閱讀測驗1題就有8分左右的分數，1題就佔了4%的得分率，所以這對得分的重要性自不待言。

不過，當把目標放在80%以上的得分率時，希望能確實地理解將小東西累積起來後所能帶來的效果再去學習。

最後還是要再說一次。

「制訂了複試對策的話，中心考試就有辦法得分。一石二鳥啊！」，這種想法是錯的。

還有，在正式中心考試時，能達到自己設定得分目標的，五人中就只有一個人。而這又與能否考上息息相關。

為了考上第一志願大學要怎麼做才好，請在認真的思考後，一心向學吧！

跨越中心考試的鬼之規則 3

中心考試的學習比例

到了離中心考試還剩三個月左右的時候，有許多人會把中心考試對策視為重點努力著，可是實際上，大家是以怎樣的步調和比例在進行學習呢？在這裡讓各位看看數據吧！

首先是開始中心考試對策的時期，十一月以前開始的人約有60％，與之相對，十二月才準備要開始認真念書的人大約占了40％。當然，我想各位都有一定程度的對策了才是，但居然有40％的人十二月才開始認真念書，頗令人吃驚。

這樣一來很有可能會來不及。實際上，看看從此時才開始的人們的下場，中心考試得分低於目標的人甚至在75％以上，而合計差到30分以上的人甚至提升到半數左右。

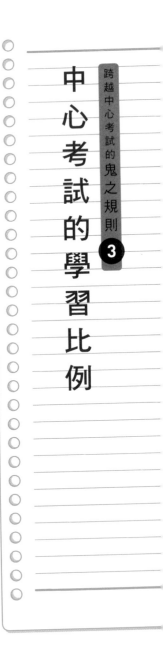

即使問問東大或京大等高門檻大學的考生們，「當初不該輕視了中心考試對策啊！練習量完全不夠。學弟妹們，希望你們務必早點做好中心考試對策」，這種聲音是壓倒性的。

那麼，學長姊們考古題進行到了何種程度呢？在這裡列出一個平均值。

■文組

英文…11年份　**數學**…9年份　**國語**…11年份　**理科**…8年份　**社會**…9年份（**地理**10年份、**公民**8年份）

■理組

英文…11年份　**數學**…10年份　**國語**…11年份　**理科**…7年份　**社會**…5年份（**地理**6年份、**公民**4年份）

像這樣列舉之後，可以看出文組、理組平均在國語和英文考古題上都解了11年份的量。

板野負責的國語一科，即使是理組的人也有好好地在解考古題（意外地比數學還多！），知道後不由得鬆了口氣。雖然是理組，中心考試的國語考古題分量卻和文組相同，著實讓人感到意外。也許是對不擅長有了自覺也說不定，但我想這是理解了中心考試國語的重要性後才產生的結果，希望那些努力能和得分有所連結。

會學習的人在不擅長之處下了許多苦心的態度讓人欽佩。而平均解考古題的次數是兩次。也就是說打算將其中一次當成複習，但是有關國語，可以的話希望要解到三次，**會覺得「因為已經記住答案所以沒用了」的人，並不明白學習的真正意義。**

在原則中已經解釋過，即使記住了答案還是要來重現解法途徑的重要性，所以我想本書的讀者們已經都很清楚了才對。第一次是**「練習」**、第二次是**「理解」**，然後為了**「徹底掌握」**，第三次複習勢必不可少。

以此意義來說，十二月之前不解過一次考古題的話，會因為步調上來不及，落得先前所寫，在中心考試中到不了目標分數75％人的下場。請如剛剛學長姊們所說，「不要輕視中心考試」，確實地累積練習量，不要怠惰複習。

特別是對數學感到棘手的人（尤其是文組），希望能早點將數學裡不擅長的領域做好攻略準備的。正式考試中如果只拿了50分，那可是相當沉重的打擊。想盡辦法也要避免這種狀況。

中心考試的數學解題要訣，就是盡力「把問題的解法模式給背起來」。

這點是在板野進了大學後，和那些擅長數學以及後來成了教授的人（是個讓人畏懼的天才）交談時，所有人像是串通好了一樣這麼說。

數學有把解法模式背起來的價值。許多學生解數學題時，竟是做著「思考後解題」這種無用的舉動，看在眼底令人吃驚。只是中心考試等級的數學，「思考後解題」的態度是在浪費時間。

就好像問你「7×8是多少？」之後，「嗯～」的思考著是同樣意思。這種情況應該把數字「56」給背起來然後回答才對，而不是把7加個8次之後再來回答問題。

數學成績好的學生，只要看見問題都是「條件反射式地解答」，而不是在思考後才開始解題。如果硬要說是哪種，正式考試中不是思考，而應該是單純的操作。

思考是在每日的學習中，理解各式各樣的問題，以及背誦解法的階段時就完畢了。因此在解法上不用花費時間就能結束，所以有更充裕的時間來計算，並且可以慢慢地、確實地去解題或是重新檢查。

而能又快速又正確地計算的重要也是自不待言，但除此之外，在達到能「看見問題瞬間就能知道解法模式」的程度之前，提升經驗值是很重要的。

解不出中心考試數學的人，原因多半都是「看了問題也不知道解法」，而為此的對應法，不是「去思考」，而是盡力於「事先把基本的解法模式給背起來」。**要是對「背誦」一詞的印象很差，說成提升「經驗值」**也沒有關係，總之，重要的是準確地精通中心考試數學的解法模式。

只不過，「計算錯誤」是很恐怖的，所以要確實地去練習。在校生在第二學期結束，要開始進入假期時，應該要被**每天十個小時中心考試對策弄到厭煩才是。**

基本上就如前述，全部五學科推薦用一整天來進行的「輪流學習」，請將不擅長的科目作為核心，思考各科目間的平衡後努力地學習吧！

跨越中心考試的鬼之規則 4

板野的中心考試大失敗經驗談

因為不希望大家遭遇跟板野一樣的失敗，這回就勉強寫下自己在中心考試的失敗經驗談吧！

板野還是在校生時，在正式中心考試中犯下了「英文的選擇失誤」，結果成了零分，驚人的失敗。

人生中再也沒有比那時更加感到絕望的瞬間了。

即使現在回想起來也還是毛骨悚然。當時英文分成英文A與英文B，普通科的學生應該做的是英文B，但不知道是因為在實戰中緊張了呢，還是判斷錯誤了，板野不幸地做了英文A，全都不予計分而得了零分。

當時，和另一名同樣解了英文A而得了零分的同年級生，爬上了附近的山：「混蛋啊—」，在山頂放聲大喊了。而且由於貧困，只能報考國公立大學，沒有私立大學的選項。

還記得過了一段相當自暴自棄的日子。但或許就是此刻決定了板野將來會成為重考班講師的命運也說不定。不管怎麼說，因為是「正式中心考試中英文得了零分的男人」。這可不是誰都辦得到的事啊。哈哈哈……，真難笑（不，當時是真的鐵青了臉啊！）。

各位請絕對不要出現畫卡失誤，或是看漏了之類的事情啊！准考證帶了嗎？錢包帶了嗎？請務必要在前一個晚上，把要帶到考試會場的東西預先準備好。將應該要帶的東西在紙上列出清單後，劃掉做個確認吧！**為了不要在最後關頭出現奇妙的失誤。**

各位誕生在這個世界，處在被給予的環境中，應該是竭盡全力地一直努力到了今天。之後將要打開新世界的門扉，請相信今後有改變自己生活的世界的可能性吧！應考時間時時刻刻地流去。是普通的一秒、一分、一小時等物理上無法改變的時間洪流。

但是，時間的重量卻是平常的好幾倍，甚至好幾十倍。集中於考試，盡全力地解題，除此之外不作他想。請全心全意地投入於解題吧！應該能在此時超越極限才對。**自己的極限，只有自己能夠超越。**

中心考試的兩天，**即是超越自己極限的機會。請相信自己，奮勇一戰吧！**

把應考誇大來講，就是追求自身的可能性，是賭上了包含著自尊心，自我存在的證明，板野如此認為。

充其量不過就是筆試嘛，說不定也有人如此覺得，但只要有人在這裡賭上了人生，板野就會打從心底為他加油。

只要有可能性，就絕不放棄。我覺得這對今後的人生來說也非常重要。

一定沒問題的！
去擊敗它們，帶著勝利回來吧！

送給你的話

終於到最後了。雖然考慮了很多要送給各位的話，但大概都已經說盡了，所以我想最後就來介紹一下想告訴各位的故事吧！

各位知道一休嗎？

沒錯，就是那個以機智聞名的和尚。他可是實際存在的人物，一休（1394～1481）的名字，一般認為是以「雖然人生有許多痛苦和悲傷的事情，只要休息一會，一切都會過去」這樣的意思來命名。所以動畫中也提到了「休息一會，休息一會」了呢。

他是室町時代臨濟宗大德寺派的禪僧，在將要圓寂之際，在自己弟子們的守望中留下了遺書。然後，「這份遺書，當將來這間寺廟起了重大問題的時候再打開吧！到那個時候之前絕對不能看」留下了這句話。

之後經過了約百年，遺書被打開了。打開一看，一休的遺書中如此寫著：

「順其自然。無須煩惱」

以自己的能力什麼也改變不了的事情，即使煩惱也無濟於事。對過去和未來用毫無意義的負面想法來思考只是浪費能量。比起那些，不如想想現在能做到的事情才是真的有建設性的。

過去的事情已經過去了，沒有辦法改變。而對還沒見過的未來，就算不安也莫可奈何。比起這些還不如重視「現在」的瞬間，全力地過日子才最重要，是有這種教導意義的。

該不會又要說一休所說的話吧！就是這樣，有像這樣的一句話。

「花為櫻木、人為武士、柱為檜、魚為鯛，和服則為紅葉，櫻花則美吉野」

開頭的「花是櫻木」雖然相當有名，但板野此時想起了井上雄彥的『SLAM DUNK（灌籃高手）』主角，櫻木花道。

天才・櫻木的比賽真是太棒了。是會讓我覺得，如果有還沒有看過『灌籃高手』的人，稍微休息一下來翻翻看，即使一天不學習也沒關係吧！超超超～傑作漫畫！特別是對正陷入低潮的人，請讀讀看吧！說不定連人生觀都會改變也不一定喔！實際上，板野重看了好幾次這部漫畫，每一次都能得到感動和幹勁。

若要說到『灌籃高手』中的名言，那就是安西教練的「現在放棄的話比賽就結束了」這句話吧！不過，板野個人最喜歡並留下深刻印象的場景是，灌籃高手中的最後一戰。初次在全國大賽登場的隊伍挑戰每年都拿下冠軍的最強頂點。下半場被打出了20分以上的巨大差距，敗戰的情緒和放棄的念頭開始瀰漫的時候，櫻木花道拿起了擴音筒，用全力對著會場大喊。「你們（山王）就由我來打倒！by天才・櫻木！」。然後，櫻木從板凳走向球場準備換人。

隊員們已經被放棄比賽的心情所籠罩。「實際上，20分的差距是很艱難的。而且對手還是山王」。那個時候，櫻木對隊員們這麼說了。

「你們那一套籃球常識對本天才不管用!!因為我是門外漢!!」

事實上，櫻木開始打籃球也不過才四個月左右。

之後，隊員們被櫻木的氣魄所喚醒，漂亮地拿下了逆轉勝利。櫻木在這邊斬釘截鐵說的「因為我是門外漢!!」，真是帥得一蹋糊塗。

人類不斷地進步著、成長著的同時，那份智慧反而給自己製造了極限。以應考來說，自己有著因偏差值和分數，以及雙親、老師或者朋友所說的話，而決定自己前進方向的傾向。即使正值應考學習最熱烈的時期也是這樣吧！

成績沒什麼起色。偏差值還需要10或20。分數則還需要好幾百分。「實際上要從這邊開始奮起直追是很艱難的呀！更何況對手是東大、早稻田、醫學系」之類的。這樣的狀況要多少都能想得出來。但是這種時候，「那種應考的道理對我沒用啦！因為我是門外漢」能不能有這樣的態度是非常重要的。

板野在本書中將應考知識和小技巧都盡可能地教給你們了。但是，說不定稍微有點似是而非的感覺，若要說能將本書內容，最大限度活用於應考的人，大概是櫻木花道那樣輕狂又帶點耿直的人。

這份熾熱的心，才正是能發揮最大能力的冷靜戰略。所以外行人才會如此強悍。

不要羨慕、不要消沉、不要在意，請像個笨蛋一樣，向著自己決定好的目標勇往直前吧！

路，是在人走過之後才出現的。

個人進修相關叢書

東大生！大考贏家的
魔法開關

14.8X21cm　　208 頁
單色　　定價 250 元

東大生＝考試贏家
激勵百萬考生東大式超強「心情整理術」！

偷學日本最頂尖學生 「塑造不屈不撓、堅強心靈的方法」 按下「無限讀書力」的神奇按鈕！ 讓身心隨時處於最佳狀態， 「幹勁」馬上提升１０倍！ 越早啟動開關，越早晉升人生勝利組！

無論是誰，都會有失去熱情與幹勁的低潮期。 不管是因為一些無法解決的事情而煩惱，還是為了一些傻事犯錯而懊惱……即使是東大生也不例外！

但要如何在最短時間內有效振作起來，重新燃起熱情動力呢？

本書的作者針對目前就讀東大的學生，進行徹底的問卷調查。精選出５０個東大生們在失意時，立即重新振作、回歸原來軌道的方法。不同於一般用一項、兩項條列的舉出，而是採用小短文的方式詳細敘述處境與心境，閱讀起來更容易產生共鳴。 不管是國家會考、證照，還是升學考試都適用的心情整理術。當個能夠掌握自我的人，才能成為考試的勝利者！相信你也能找到打開自己內心那個開關的方法！

個人進修相關叢書

偷看資優生的
3 條線筆記術

14.8X21cm　208 頁
單色　定價 250 元

本書詳細介紹只要在筆記本上畫出三條線，即可解決一切麻煩事的方法，讓您「立刻可以運用在工作上」、「通過資格考試或公司內升等考試」等。其具體效果如下所述：

· 資格考試及升等考試等，短時間即可凸顯學習的效果
· 有效使用於英文或中文等語言上的學習
· 有效管理時間，提昇工作效率，實現零加班
· 有效解決工作 · 人生 · 個人 · 戀愛等煩惱
· 明確訂出必須執行的事項，促使目標達成
· 可輕鬆整理出想法或資訊
· 順利完成談判或演講，有效達成人際溝通
· 摘錄新點子及新想法

坐而言不如起而行，現在就趕快打開平日用的筆記本，開始著手進行本書所介紹的「3 條線筆記術」吧！絕對讓你受用無窮喔！

PROFILE

板野博行

京都大學文學院國文系畢業。曾任職於代代木預備校，目前擔任東進高校、東進衛星預備校現代文和古文通訊課程講師。應考研究所「ARS工房」代表。
沒有無用之處，不論誰聽了都能明白的講課內容，以應考指導專家的身分鍛鍊考生，並作為比誰都能讓考生激起幹勁的熱血講師，受到考生們壓倒性的支持。身為最佳暢銷『古文單字565』（讀書夥伴出版）的作者，也是全國知名。主要著作有『漢文565』、『漢字565』、『現代文565』等等565系列（以上皆為讀書夥伴出版），『有趣到讓人睡不著的源氏物語』（三笠書房王樣文庫出版）等。

TITLE

讀書應考の鬼原則

STAFF

出版　瑞昇文化事業股份有限公司
作者　板野博行
譯者　張俊翰

總編輯　郭湘齡
責任編輯　黃美玉
文字編輯　黃思婷
美術編輯　謝彥如
排版　靜思個人工作室
製版　大亞彩色印刷製版股份有限公司
印刷　桂林彩色印刷股份有限公司
　　　紘億彩色印刷有限公司
法律顧問　經兆國際法律事務所　黃沛聲律師

戶名　瑞昇文化事業股份有限公司
劃撥帳號　19598343
地址　新北市中和區景平路464巷2弄1-4號
電話　(02)2945-3191
傳真　(02)2945-3190
網址　www.rising-books.com.tw
Mail　resing@ms34.hinet.net

初版日期　2015年4月
定價　250元

國家圖書館出版品預行編目資料

讀書應考の鬼原則 / 板野博行作；張俊翰譯. --
初版. -- 新北市：瑞昇文化, 2015.03
240面；　21 X 14.8公分

ISBN 978-986-401-012-7(平裝)
1.讀書法 2.學習方法
019　104002961